上海教育电视台
SETV

青少年双语演讲课程

8-10星级

《青少年双语演讲课程》编写组　编

学林出版社

上海教育音像出版社

图书在版编目（CIP）数据

青少年双语演讲课程 . 8-10 星级 : 英汉对照 / 《青
少年双语演讲课程》编写组编 . -- 上海 : 学林出版社，
2025. -- ISBN 978-7-5486-2074-7

Ⅰ . H319.4

中国国家版本馆 CIP 数据核字第 20258A7A88 号

策划编辑　乐　乐　张彩煜
责任编辑　王　慧　祖　健
特约审校　傅晓玥
装帧设计　刘汉森

青少年双语演讲课程（8—10星级）

《青少年双语演讲课程》编写组　编

出　　版　学林出版社
　　　　　（201101 上海市闵行区号景路 159 弄 C 座）
发　　行　上海人民出版社发行中心
　　　　　（201101 上海市闵行区号景路 159 弄 C 座）
印　　刷　上海商务联西印刷有限公司
开　　本　787 x 1092　1/16
印　　张　6
字　　数　9 万
版　　次　2025 年 7 月第 1 版
印　　次　2025 年 7 月第 1 次印刷
ISBN 978-7-5486-2074-7/G · 795
定　　价　58.00 元

（如发生印刷、装订质量问题，读者可向工厂调换）

《青少年双语演讲课程》编委会

总策划：孙向彤

顾　问：朱　晔　邓惟佳　赵彦春

主　编：姚赟勤

副主编：王东雷　赵珵牧　何　健

编　委：刘　君　文彦立达　任郑青

编者的话

深化文明交流互鉴，推动中华文化更好走向世界，广大青年是生力军。习近平总书记多次强调要推动中华优秀传统文化创造性转化、创新性发展，并指出传承和弘扬中华优秀传统文化是新时代文化建设的重要使命。党的二十大报告也指出："加强国际传播能力建设，全面提升国际传播效能，形成同我国综合国力和国际地位相匹配的国际话语权。"这不仅是国家发展的需要，也是中国文化走出去的重要战略。

2025 年 1 月，为深入贯彻党的二十大关于加快建设教育强国的战略部署，中共中央、国务院印发了《教育强国建设规划纲要（2024—2035 年）》，《纲要》明确提出，要完善教育对外开放战略，建设具有全球影响力的重要教育中心，提升全球人才培养和集聚能力，扩大中外青少年交流。这也意味着新时代的新人才要在风云变幻的世界担当大任，在具有国际视野与跨文化沟通能力的同时，还要将社会主义核心价值观教育与传统文化教育结合起来。为此，我们必须高度重视青少年的国际胜任力培养，推动中英双语能力的平衡发展，构建面向未来的教育体系。通过这样的培养，青少年将不仅成为优秀的语言使用者，还将成为优秀的文化传播者和国际交流使者。

这套读本针对 4—14 岁的青少年设计，覆盖从幼儿园到初中阶段的语言学习需求，分为中、英各 10 个星级，全面满足不同年龄段学生的语言能力和文化认知需求。具体而言，1-3 星级适用于学龄前儿童（4-6 岁），4-7 星级适用于小学低年级学生（7-10 岁），8-10 星级适用于小学高年级及初中学生（11-14 岁）。每个星级包含精心设计的朗诵内容与技巧，同时配备配套视频学习资源，覆盖发音、语调、节奏及情感表达等多个维度，确保学生在语言技能提升的同时，深刻认同和理解中华优秀传统文化。通过双语主持教育，青少年不仅能够提升语言能力和表达技巧，还能够增强对中华文化的理解和国际传播的能力；通过朗诵、演讲及主持的形式，学生能够更自信地表达，成为文化的传播者与中外交流的桥梁。

读本的开发由来自语言教育和文化传播领域的权威专家共同完成，核心团队成员均为资深学者和行业专家，具备深厚的学术积累和实践经验。我们结合了上海外国语大学语言研究院、卓越学院的专业学术资源和上海大学国学研究院精心翻译的国学经典，结合上海教育电视台的教育经验，确保了内容的权威性和科学性。这些精选篇目不仅帮助学生们巩固中华民族千百年来积淀的优秀文化成果，还通过精准英语译文，开辟了文化交流的新途径，为学生们讲好中国故事、促进国际理解提供了丰厚的知识土壤。

读本内容严格遵循社会主义核心价值观，强调中华优秀传统文化的传承与国际传播能力的结合，在每一级别的选材和设计中都体现积极向上的教育导向，同时平衡语言技能、文化学习与演讲实践三大核心维度。通过专家团队的精心审查和多轮校对，教材内容确保积极向上，能够成为青少年国际胜任力培养的重要抓手。根据专家论证意见，这套读本在结构与内容编排上，平衡了语言学习与文化传承的双重目标。其选材广泛，包含经典文学作品、当代儿童感兴趣的主题及大量中华传统文化的浸润内容，能够激发学生的学习兴趣和情感投入。教材语言风格生动活泼，适合少儿的理解与表达能力，同时通过文化背景的引导，有助于提升学生的跨文化理解能力，进一步推动中华文化的传承与传播。

在响应认证及评估体系方面，读本的设计严格遵循教育规律和专业标准，内容涵盖中华传统价值观教育与语言表达技巧相结合的学习路径，具有完善的实施方案和评估体系。本书所收录的所有篇目仅限于学生学习、教学和认证使用，任何其他形式的传播、复制或商业用途均需获得版权所有者的正式授权。

随着全球化的深入发展和国际竞争的日益加剧，青少年的双语能力和跨文化交流能力已经成为家长和教育市场普遍关注的重点。这套读本不仅是语言学习的工具，还是培养学生国际胜任力的重要平台。它旨在提升学生的中英双语能力、口头表达技巧和舞台表现力，为他们在未来的国际舞台上自信从容地展示自己奠定坚实的基础。我们相信，通过学习这套读本，学生们将不仅成为良好的语言掌握者，还将成为优秀的文化传播者和新时代的国际公民。

上海教育电视台

《青少年双语演讲课程》编写组

2025 年 2 月

目 录

中文 8 星级

❶ 捉兔

yí wèi yé ye tā xìng gù　shàng jiē dǎ cù yòu mǎi bù
一位爷爷他姓顾，上街打醋又买布。

mǎi le bù　dǎ le cù　huí tóu kàn jiàn yīng zhuā tù
买了布，打了醋，回头看见鹰抓兔。

fàng xià bù　gē xià cù　shàng qián qù zhuī yīng hé tù
放下布，搁下醋，上前去追鹰和兔。

fēi le yīng　pǎo le tù　dǎ fān cù　cù shī bù
飞了鹰，跑了兔，打翻醋，醋湿布。

❷ 扁担和板凳

biǎn dan cháng　bǎn dèng kuān
扁担长，板凳宽，

biǎn dan méi yǒu bǎn dèng kuān
扁担没有板凳宽，

bǎn dèng méi yǒu biǎn dan cháng
板凳没有扁担长。

biǎn dan xiǎng bǎng zài bǎn dèng shàng
扁担想绑在板凳上，

bǎn dèng bú ràng biǎn dan bǎng zài bǎn dèng shàng
板凳不让扁担绑在板凳上，

biǎn dan piān yào bǎng zài bǎn dèng shàng
扁担偏要绑在板凳上。

❸ 撕字纸

gé zhe chuāng hu sī zì zhǐ
隔着窗户撕字纸，

yì sī héng zì zhǐ　zài sī shù zì zhǐ
一撕横字纸，再撕竖字纸。

héng héng shù shù sī zì zhǐ
横横竖竖撕字纸，

sī le sì shí sì zhāng shī zì zhǐ
撕了四十四张湿字纸。

经典散文

① 九寨沟

jiǔ zhài gōu shì wǒ guó sì chuān shěng zhù míng de zì rán fēng jǐng qū   tā wèi yú qún shān
九寨沟是我国四川省著名的自然风景区。它位于群山
huán rào de gāo yuán dì qū   nà lǐ shān luán dié cuì   lín mù mào mì   sì jì jǐng sè gè
环绕的高原地区，那里山峦叠翠，林木茂密，四季景色各
yì   měi bú shèng shōu
异，美不胜收。

jiǔ zhài gōu de hú pō zhòng duō   hú shuǐ qīng chè jiàn dǐ   yán sè duō biàn   měi gè hú
九寨沟的湖泊众多，湖水清澈见底，颜色多变。每个湖
pō dōu yǒu zì jǐ de míng zi hé tè sè   wǔ huā hǎi jiù xiàng yí kuài jù dà de cǎi sè bǎo
泊都有自己的名字和特色。五花海就像一块巨大的彩色宝
shí   hú shuǐ suí zhe yáng guāng de biàn huà ér chéng xiàn chū wǔ cǎi bān lán de yán sè   cháng hǎi
石，湖水随着阳光的变化而呈现出五彩斑斓的颜色；长海
jìng jìng de tǎng zài qún shān zhī jiān   hú miàn rú jìng   dào yìng zhe lán tiān bái yún hé wēi é de
静静地躺在群山之间，湖面如镜，倒映着蓝天白云和巍峨的
shān fēng
山峰。

qīng chén   jiǔ zhài gōu de hú miàn shàng shēng qǐ dàn dàn de bó wù   yuǎn chù de xuě shān
清晨，九寨沟的湖面上升起淡淡的薄雾，远处的雪山
hé jìn chù de shù lín dōu zài wù qì zhōng ruò yǐn ruò xiàn   fǎng fú jìn rù le xiān jìng   hú biān
和近处的树林都在雾气中若隐若现，仿佛进入了仙境。湖边
de xiǎo cǎo hé yě huā shàng guà mǎn le jīng yíng de lù zhū   qīng qīng yáo yè   xiàng shì zài hé chén
的小草和野花上挂满了晶莹的露珠，轻轻摇曳，像是在和晨
fēng dī yǔ
风低语。

zhōng wǔ shí fēn   yáng guāng sǎ mǎn zhěng gè shān gǔ   hú shuǐ zài yáng guāng xià shǎn shǎn fā
中午时分，阳光洒满整个山谷，湖水在阳光下闪闪发
guāng   lù de xiàng fěi cuì   lán de rú bǎo shí   yuǎn chù de pù bù fēi liú zhí xià   shuǐ huā
光，绿得像翡翠，蓝得如宝石。远处的瀑布飞流直下，水花
sì jiàn   fā chū hōng míng de shēng yīn   wèi zhè níng jìng de shì jiè zēng tiān le yí fèn huó lì
四溅，发出轰鸣的声音，为这宁静的世界增添了一份活力。

dào le bàng wǎn   jiǔ zhài gōu jiàn jiàn ān jìng xià lái   hú shuǐ huī fù le píng jìng   xī
到了傍晚，九寨沟渐渐安静下来。湖水恢复了平静，夕
yáng bǎ shān gǔ rǎn chéng le jīn hóng sè   shān yǐng   shuǐ sè   wǎn xiá róng wéi yì tǐ   xíng
阳把山谷染成了金红色。山影、水色、晚霞融为一体，形

成了一幅绚丽的画卷。

② 杏林谷

在中国西北边陲的新疆伊犁新源县，有一片杏林谷，四季更迭中演绎着不同的故事。

春日里，万物复苏，谷内杏花如雨，粉嫩的花瓣随风轻舞，空气中弥漫着淡淡的芬芳，吸引着蜜蜂与蝴蝶穿梭其间，演奏着一曲生机勃勃的春之乐章。漫步于杏林间，每一步都踏着诗意与浪漫。

夏日炎炎，杏林谷却自有一番清凉。郁郁葱葱的杏树为游人撑起一片片绿荫，树下溪流潺潺，清澈见底，溪水边野花烂漫，彩蝶纷飞。此时，杏果初挂枝头，青涩中带着对未来的憧憬。

秋风送爽，金黄色的杏子挂满枝头，像是给大地披上了一袭华丽的金袍。果农们忙碌而喜悦地采摘着果实，脸上洋溢着丰收的笑容。

冬日雪后，杏林谷又换上了银装素裹的冬装。白雪覆盖下的杏树更显挺拔，枝头偶尔露出几点红果，如同点点烛火，在寒冷中给人以温暖和希望。此时，谷内静谧无声，只有雪花轻轻飘落的声音，和远处偶尔传来的鸟鸣，构成了一曲悠扬的冬日小调。

杏林谷，四季皆美。

③ 大兴安岭的神秘与富饶

大兴安岭位于我国东北边陲，这里山峦起伏，森林茂密，是一个风景优美、资源丰富的地方。

大兴安岭的林海辽阔无边，四季变幻，景色各异。春天，树木吐出嫩绿的新芽，像给大地披上了一层柔软的绿毯；夏天，茂密的松柏、白桦遮天蔽日，林间清凉无比；秋天，满山的红叶与金黄的落叶交织成一片五彩斑斓的画卷；冬天，大地被厚厚的白雪覆盖，仿佛进入了一个纯白的童话世界。

森林中生长着各种各样的植物，珍贵的野生菌、药材遍布其中。地上铺满了厚厚的苔藓和落叶，走在上面软绵绵的，仿佛踩在地毯上。林间的小溪潺潺流淌，清澈见底，两岸的野花随风摇曳，为这片原始森林增添了几分生机。

这里也是动物的乐园。马鹿、猞猁在林间悠闲地漫步，灰熊在溪边捉鱼，松鼠在树枝间灵巧地跳跃。偶尔还能看到珍稀的东北虎在林间徘徊，它们是这片森林真正的王者。

林海深处，有着许多原始的村落，那里的人们世代与森林为伴，过着简单而幸福的生活。他们靠山吃山，采集野果，捕猎野味，日子过得虽不富裕，却充满了宁静与安逸。

大兴安岭，这片富饶而神秘的土地，是我们祖祖辈辈赖以生存的家园。随着时代的发展，这里的资源将被更好地保护和利用，大兴安岭必将焕发出更加迷人的光彩。

❹ 生长的葡萄藤

我家院子的篱笆上长满了葡萄藤。每到春天，葡萄藤便开始抽出新芽，一点一点地爬满整个篱笆。

葡萄藤刚冒出来的嫩叶是淡绿色的，带着些许透明，像是刚睡醒的模样。不几天，叶子就渐渐长大，变成了浓郁的深绿色。那些大叶子铺满了篱笆，看起来特别整齐，叶片一层叠一层，密密地遮住了阳光，给篱笆墙增添了一片绿荫。一阵风吹过，葡萄叶子轻轻摇曳，仿佛在向我们招手。

以前，我只知道这种植物叫葡萄藤，却从没注意过它是怎么爬上篱笆的。今年我才发现，原来葡萄藤也有"手"。这些"手"其实是藤蔓上长出的卷须，每个卷须像小小的螺旋，细细长长的，带着些许的嫩黄。这些卷须就是葡萄藤的"手"。

当卷须接触到篱笆时，它们就会迅速缠绕上去，牢牢抓住篱笆。卷须原本是笔直的，可一旦抓住支撑物，就会像弹簧一样卷起来，使葡萄藤紧紧拉住篱笆。葡萄藤就这样一步一步地向上爬。如果你仔细看那些卷须，会觉得它们像是小动物的爪子，灵巧而有力。

如果卷须没能抓住篱笆，它们会慢慢枯萎，最终消失得无影无踪。而那些成功抓住篱笆的卷须，会逐渐变成坚韧的灰色，牢牢地固定在篱笆上。别小看这些灰色的卷须，它们抓得非常紧，如果不用力，你根本拉不开葡萄藤。

每到夏天，葡萄藤在篱笆上开满了小花，随后结出了沉甸甸的葡萄串。这些葡萄藤不仅为家里带来了丰收的果实，还为我们带来了满满的绿意和生机。

❺ 我爱家乡的苹果

我的家乡在北方，我爱家乡的苹果。

秋风微凉，一棵棵苹果树在阳光下沐浴着金色的光辉。

它们挺拔的枝干上挂满了翠绿的叶子，像一张张展开的手掌，在风中轻轻摇曳。

秋分过后，苹果树上结满了沉甸甸的果实。

苹果圆圆的，和小拳头一样大小，光滑的表皮上带着一层淡淡的果霜。随着时间的推移，苹果由青绿变为金黄，再慢慢转成鲜红。拿一颗放在手中，阳光下，苹果的红皮透出淡淡的光泽，仿佛有种温暖的感觉。

苹果刚开始是微酸的，带着一点涩味，随着秋天的深入，果肉越来越脆，甜味也渐渐浓郁。咬上一口，清脆的声音伴随着甜美的汁水在口中弥漫，满嘴都是苹果的清香。

熟透的苹果甜津津的，酸味已不再明显，让人越吃越想吃。小时候，有一次贪嘴吃了太多苹果，直到肚子胀得发疼，才意识到即使再美味的东西，也不能贪多。后来，每次吃苹果，我都会小心翼翼地控制自己，尽管它的甜美总是让人难以抗拒。

❻ 我喜欢探索

我喜欢探索。

凡是已经熟悉的事物，都属于过去。哪怕那景再美，那人再亲，那情再深。太深的依恋便成了一种束缚，束缚的不仅是思想，还有未来。

怎么能不喜欢探索呢？没尝过高山上的清泉，真是遗憾；尝了高山的清泉，没体验过峡谷中的激流，仍然遗憾；体验了峡谷的激流，没感受过极地的寒风，依旧遗憾；感受了极地的寒风，没见识过热带的雨林，还是遗憾。世界上有无尽的奇观，我有无止的好奇。

我当然明白，清泉有寒意，激流有险滩，极地有冰雪，雨林有蚊虫。即便如此，我依然向往。

我还想从清泉中学习纯净，我还想从激流中学习勇猛，我还想从极地中学习坚韧，我还想从雨林中学习适应。我想学会经历一种多彩的生活。

人能见多少风景？这话不要问眼睛而要问胸怀；人能经历多少历练？这事不要问身体而要问心灵。所以，我想用青春的激情为自己设定一个辽阔的目标。不仅是为了追求一种成就，也是为了追求一种心境。目标达到了，便是收获；目标达不到，人生也会因这一路的探索变得充实而丰富。在我看来，这就是无悔的旅程。

是的，我喜欢探索，希望你也一样。

经典朗诵

1 胡杨礼赞

雄伟的胡杨，
生命的礼赞。
你坚韧的根须紧握大地的心脏，
与沙共舞，迎风而立。
你历经风霜，
依旧昂扬。

měi yí zhèn kuáng shā xí lái
每一阵狂沙袭来，

nǐ dōu yòng bù qū de zī tài xiě xià shēng mìng de piān zhāng
你都用不屈的姿态写下生命的篇章。

nǐ rú dà mò zhōng de dēng tǎ
你如大漠中的灯塔，

zài wú yín de shā hǎi zhōng shǎn yào guāng máng
在无垠的沙海中闪耀光芒。

yǔ shā mò yì tóng
与沙漠一同，

sù shuō zhe yǒng héng de jiān rèn yǔ huī huáng
诉说着永恒的坚韧与辉煌。

xióng wěi de hú yáng
雄伟的胡杨，

yǒng gǎn de zhàn shì
勇敢的战士。

nǐ měi yí piàn jīn sè de yè zi
你每一片金色的叶子，

dōu shì dà zì rán cì yǔ de róng yào yǔ xī wàng
都是大自然赐予的荣耀与希望。

nǐ zài huāng yě zhōng gē chàng
你在荒野中歌唱，

yǔ cāng qióng gòng wǔ   wǒ xīn jī dàng
与苍穹共舞，我心激荡。

❷ 青春万岁

suǒ yǒu de suì yuè a   dōu yì qǐ lái ba
所有的岁月啊，都一起来吧，

ràng wǒ men yòng qīng chūn de jī qíng yǔ mèng xiǎng de huǒ yàn
让我们用青春的激情与梦想的火焰，

jiāng nǐ men diǎn rán   zhào liàng qián xíng de lù
将你们点燃，照亮前行的路。

yǒu nà chén xī zhōng de huān xiào   yè mù xià de gē shēng
有那晨曦中的欢笑，夜幕下的歌声，

zài chūn yǔ zhōng tà qīng de qīng yíng bù fá
在春雨中踏青的轻盈步伐，

zài dōng xuě zhōng bēn pǎo de rè xuè qīng chūn
在冬雪中奔跑的热血青春，

hái yǒu nà rè liè de biàn lùn   tiào dòng de   zhì rè de xīn
还有那热烈的辩论，跳动的、炙热的心……

shì nà xiē yǐ rán yuǎn qù de suì yuè   yě shì nà xiē chōng mǎn xī wàng de rì zi
是那些已然远去的岁月，也是那些充满希望的日子，

xīn zhōng de yuàn wàng   rú chūn rì de nèn yá   zhuó zhuàng ér míng mèi
心中的愿望，如春日的嫩芽，茁壮而明媚，

我们拥有时间，拥有力量，拥有燃烧的信仰，

我们渴望飞翔，渴望冲破一切阻碍，飞向未来。

这些日子单纯而又多彩，

世界的每一个角落都让我们充满惊奇，

我们始终充满激情，永远保持好奇，

泪水，欢笑，思索，都是那样新鲜。

岁月啊，请继续向前奔流吧，

在生活的激流中，我昂首阔步，

再重的负担也压不弯我的脊梁，

再险的战斗也吓不倒我的勇气；

有一天，当我们放下武器，擦去汗水，

我会回首这一切，微笑着呼唤你们，

带着满心的骄傲，凝望你们的模样！青春万岁！

拓展学习：学写演讲稿

书籍是心灵的乐园

尊敬的各位老师，亲爱的同学们：

大家好！

有这样一个神秘的乐园，它没有围墙，能让人遨游于

知识的海洋；它不设门票，却能让每个人的心灵得到升华。

这片乐园隐藏在何方？今日，我将带领大家揭开它的神秘面

纱，一同感受读书带来的快乐。

在这个快节奏的时代，我们的生活似乎被各种高科技产品填满，碎片化的信息轰炸着我们的感官，让我们几乎忘记了静下心来翻开一本书的滋味。然而，当我们真正沉浸于书页之间时，那种由内而外的快乐便会如泉涌般喷薄而出。

想象一下，当你拿起一本历史书，你就能穿越时空，与古人对话，见证那些历史的转折点；当你翻阅一本科幻小说，你可以踏上宇宙飞船，探索未知的星球，体验超越现实的冒险；当你陶醉于诗集之中，那些文字就像优美的旋律，抚慰你的心灵，让你的情感得以释放。书籍，就是这样一个神奇的世界，它不受时间和空间的限制，给予我们无限的想象和创造的空间。

在我的少年时代，我最爱的书是《三体》系列。它的故事跨越了数百年甚至数千年的时间，还包含了深刻的哲学思考，探讨了人类文明、宇宙法则和生命的意义。这个神秘莫测、浩瀚美丽的世界深深吸引了我，每当我翻开书页，仿佛自己也随着超越时空的飞船，见证各个文明的兴衰。那份激动和紧张交织的快乐，至今仍历历在目。

最后，我想说，读书的快乐是无穷无尽的。它不仅能够丰富我们的知识，更能够让我们体验丰富多彩的世界。正如莎士比亚所说："智慧里没有书籍，就好像鸟儿没有翅膀。"让我们一起，走进书籍的乐园，成为自由翱翔的小鸟吧！

❶ 演讲稿的基本特点

演讲又叫讲演或演说，是指在公众场所针对某个具体问题鲜明、完整地发表自己的见解和主张的一种语言交际活动。演讲是无处不在的，而有一篇好的演讲稿能够帮助演讲者梳理演讲思路；把握演讲节奏；限定演讲时速；斟酌演讲用语；提高语言表达能力。一起想一想，演讲稿都有哪些要求？

（1）针对性

撰写演讲稿，要针对听众需要选择听众所关注的话题，内容也应符合听众的接受水平。同时，演讲又要针对不同的场合采取不同的讲法。

（2）条理性

条理清楚、层次分明，才能使演讲易被听众听清、听懂，若散乱如麻、缺乏逻辑性，会影响演讲效果。

（3）鼓动性

演讲既要冷静地分析、晓之以理，又要有诚挚热烈的感情。要动之以情，使演讲既有说服力，又有鼓动性。

（4）表演性

演讲有一定的表演性质，它具有表演艺术"以美娱人"的美感作用。演讲的"演"字本来是指推演、演绎，说话像流水一样流畅，表示语言的流利、通顺，但现在包含了表演的意思。

❷ 演讲稿的基本格式

开头：明确是对谁演讲，写上适当的称呼，如"亲爱的同学们""亲爱的朋友们"。

正文：围绕一个主题，用具体的材料，分几个部分表达真实情感，说清楚观点。

结尾：用简洁有力的话点明主题，发出号召。

❸ 演讲稿中的文学技巧

书籍是人类进步的阶梯，它如同细雨般悄无声息地滋润着心田，又似晨曦初照，温暖而明亮。古语有云："书犹药也，善读之可以医愚。"书是人类精神的粮食。我是在读书中享受艺术美，享受其带来的无穷乐趣。我可以畅游在书的海洋里，坐着轻舟在三峡中勇进，去感受李白"两岸猿声啼不住，轻舟已过万重山"的喜悦；也可以漫步于塞外广漠的草原之上，去领略王维所点燃的直冲云霄的孤烟，欣赏那动人且让人流连忘返的"长河落日圆"；还可以欣赏岳阳楼"衔远山，吞长江，浩浩汤汤，横无际涯，朝晖夕阴"的壮阔。

每当夜深人静之时，一盏孤灯下，那些跃动的文字便成为我最忠实的朋友，它们或温柔，或激昂，或深刻，或幽默，总能在不经意间触动我灵魂深处最柔软的部分。

请思考，这段演讲稿用了哪些写作技巧？

在演讲稿的撰写中，充分运用写作手法，能使演讲的结构更加清晰、内容更加丰富、语言更有感染力。文学中的写作手法包括表现手法、修辞手法、结构手法等。

在这篇文章中，作者用了比喻（将书籍比作人类进步的阶梯、滋润的细雨、初照的晨曦）、引用（文中多次出现的古诗词原文）和排比（或温柔，或激昂，或深刻，或幽默）等修辞手法。

❹ 拓展练习

以《读书的快乐》为题，写一篇演讲稿。

英语 8 星级

国学赏析与话题讨论

❶ *Pure Brightness Day* (《清明》)

> *The rain rustles on at Pure Brightness Day.*
> *The traveler's tired, his soul in dismay.*
> *Where is a tavern? He asks a shepherd,*
> *Who points to Apricot Bloom faraway.*

Speech Topic: A Chinese traditional festival.

原文 清明

[唐] 杜 牧

清明时节雨纷纷，

路上行人欲断魂。

借问酒家何处有，

牧童遥指杏花村。

重点 这首诗叙述诗人在清明节，因天气不好心情沮丧的故事。他想喝酒解闷，但却找不到酒馆。最后，他向一个牧童打听，牧童告诉他要去远方的杏花村才能喝到酒。虽然这首诗并不是重点介绍节日，但借节日的氛围表达了自己的情感。

单词与释义　dismay *n.* 惊愕，失望；tavern *n.* 酒馆，客栈；shepherd *n.* 牧羊人；apricot *n.* 杏子；bloom *n.* 花。

演讲技巧　举例说明：本诗虽然说的是清明节，但真正让人印象深刻的，是想要找酒家但只有一个牧童给自己指路，说酒家在下一个村子才有的故事。由此不难看出，要想让演讲内容生动有趣，在说明自己的观点之后，一定要辅助事例或论点来论证自己的核心观点。

❷ *A Drizzle in Early Spring* (《初春小雨》) ①

　　A drizzle moistens the Broad Street, so fine;
　　Greenness peers afar, but near there's no sign.
　　This part of Spring is the best of the year;
　　Misty willows green the capital here.

Speech Topic: How do you like spring?

原文　早春呈水部张十八员外　其一

［唐］韩　愈

天街小雨润如酥，

草色遥看近却无。

最是一年春好处，

绝胜烟柳满皇都。

重点　这是一首七言绝句，写了早春美景。诗人通过描写春雨和春草，表达了春天的生机勃勃。他用简单的语言，描述了雨滴的柔和细腻，草色在

———————

① 标题略有修改。

雨水的滋润下显得清新脱俗。诗人还称赞了早春美景，认为这个时候的景色是一年中最美的，远远胜过了烟柳满城的晚春景色。整首诗清新自然，语言流畅，展现了诗人对春天美景的独特感悟和赞美之情。

单词与释义　drizzle *n.* 毛毛雨；afar *adv.* 在远处；misty *adj.* 有薄雾的。

演讲技巧　对比（comparison）：在演讲中适当的对比可以增强观众的理解能力，比如这首诗中将早春和晚春进行了对比，突出了对早春的喜爱。在讨论春天的时候，也可以将其与其他季节相对比。

❸ *Like a Dream*（《如梦令》）

The dusk at the river arbor I oft recall.

Blind-drunk, our way back we remembered not at all!

Having had much fun, we paddled homebound,

And strayed into lotus flowers profound.

Try to get through!

Try to get through!

So startled, all egrets from the shoal flew.

Speech Topic: A memorable day of mine.

原文　如梦令

[宋] 李清照

常记溪亭日暮，

沉醉不知归路。

兴尽晚回舟，

误入藕花深处。

争渡，

争渡，

惊起一滩鸥鹭。

重点 这首词被称为李清照最轻快的词之一，描述了一个夏日傍晚的景象，夕阳映照在名为溪亭的地方，诗人在金色的霞光中彷徨，找不到回家的路。原因是和朋友们喝酒沉醉，导致兴致尽消，太晚才回船上，而且还在水中船上，让人感到迷茫。水中迷路的结果是误入藕花深处，但在这美景中，少男少女们的兴致高涨，不受影响。他们在水上比赛划船，水花飞溅，映衬着盛开的荷花和他们红润的面庞，给湖水增添了生机。尽管迷失在水中，但他们仍在奋勇争先，挣扎着渡过湖水，惊吓起一群鸥鹭，情景交融，令人难忘。

单词与释义 recall *v.* 回忆；paddle *v.* 划水；startle *v.* 吓唬；stray *v.* 迷失；egret *n.* 白鹭；shoal *n.* 浅滩，鱼群。

演讲技巧 切入点：在演讲的时候，往往小的切入点更能引起人的共鸣。在叙述自己记忆深刻的一天的时候，流水账式的演讲往往是很难在观众心中留下深刻印象的，本诗只是突出了一个划船时水花四溅的景象，就让人印象深刻，并能够感受到诗人的快乐。演讲的时候应该注意从小的地方切入，叙述一个令你记忆最深刻的事件或者瞬间即可。

❹ *Walk Your Way*（《劝学》）

Strike stone to make it burn;
No smoke unless you strike.
You're crude if you don't learn,
And you won't be sage-like.
The soonest work your way,
His dime is not your dime.

Do earlier while you may;

Can you prolong your prime?

Speech Topic: *A good study method.*

原文　劝学

[唐] 孟　郊

击石乃有火，

不击元无烟。

人学始知道，

不学非自然。

万事须己运，

他得非我贤。

青春须早为，

岂能长少年。

重点　学习就像是敲打石头，可以擦出火花。如果不努力学习，就像没有敲打，连一点火光都看不到。人要通过实践学习，而不是指望别人把知识传授给自己。所以，年轻人应该抓住青春时光，努力学习。

单词与释义　strike *v.* 打击，撞击；crude *adj.* 粗糙的，未加工的；sage-like *adj.* 老练的，睿智的；dime *n.* 美国十分硬币；（美国、加拿大等国的）一角银币；prolong *v.* 延长，延长期限。

演讲技巧　简单的议论：如果要说明一个道理，比如介绍一个学习方法，应该首先介绍核心观点（main point），然后通过举例或者说理的方式证明自己的核心观点。本诗中可以将标题视为观点，即"劝学"，而论点为"学习就像钻石取火"。

⑤ *Gazing South · On the Nectar Terrace*（《望江南·超然台作》）

> *The spring not yet old,*
>
> *The wind blows the wickers awry.*
>
> *On the Nectar Terrace I behold,*
>
> *The moat half full, the whole town does bloom;*
>
> *The rain dyes all households with gloom.*
>
> *The Cold Food Day cold,*
>
> *So drunk, I wake up to sigh.*
>
> *Don't tell her, keep nostalgia untold.*
>
> *Taste the newly dressed tea, freshly new,*
>
> *While young, try your verse and brew.*

Speech Topic: Cured by the nature.

原文 望江南·超然台作

[宋] 苏 轼

春未老，

风细柳斜斜。

试上超然台上看，

半壕春水一城花。

烟雨暗千家。

寒食后，

酒醒却咨嗟。

休对故人思故国，

且将新火试新茶。

诗酒趁年华。

重点　此词通过描绘春日景象和作者感情、神态的复杂变化，寄托了作者有家难回、有志难酬的无奈与怅惘，同时表达了作者豁达超脱的胸襟和"用之则行，舍之则藏"的人生态度。全文含蓄深沉，短小玲珑，以诗为词，独树一帜，连珠妙语似随意而出，清新自然，展现了词人深厚的艺术功力。

单词与释义　wicker *n.* 柳条；awry *adv.* 歪曲，错误地；nectar *n.* 花蜜，琼浆玉液；terrace *n.* 露台；behold *v.* 看见，注视；moat *n.* 护城河，壕沟；dye *v.* 染，给……染色；nostalgia *n.* 思乡病，乡愁；brew *v.* 酿造，酝酿。

演讲技巧　个人故事：在演讲中加入个人轶事或反思，为演讲增添深度和真实性，将演讲者的经历与听众的体验联系起来。

❻ *Be Still* (《定风波》)

Don't listen if a rain does the leaves sway;

You'd better walk lightly, singing a lay.

Sandals outdo saddles, cane as your aid,

Who's afraid?

A cape against mist and rain, come what may.

A spring wind blows me sober, blows away.

A chill day.

The sun uphill slants to me with a ray,

I turn around and feel a gentle sough,

Go back now.

No wind, no rain, nor shining light to stay.

Speech Topic: *A positive attitude towards life.*

原文 定风波

[宋] 苏 轼

莫听穿林打叶声，

何妨吟啸且徐行。

竹杖芒鞋轻胜马，

谁怕？

一蓑烟雨任平生。

料峭春风吹酒醒，

微冷，

山头斜照却相迎。

回首向来萧瑟处，

归去，

也无风雨也无晴。

重点 诗人出游遇雨，同行皆狼狈，苏轼不觉狼狈，反而坦然在雨中且徐行，且赏景，且长歌，且思索人生。那穿林打叶的风雨，可以不听；那忽入料峭的春风，不过微冷。苏轼有什么呢？不过一竹杖、一草鞋、一蓑衣罢了。我们仿佛看见一个中年人穿着蓑衣、戴着斗笠，手里一根竹杖，脚穿一双草鞋，唱着歌慢慢地行走在乡间：诗意但不失意。一会儿雨停，对面山上先显出一抹阳光。这阳光相信很快也能照到刚刚下雨的每一处。此时的一雨一晴，自然而然让他回首自己前半生中的"萧瑟"。晴也好，雨也好，只需要慢慢往前走就好。苏轼的人生不也是如此？他的起点很高，少年得志。后来便被贬，一直被贬。他，只能是他。苏轼胸怀坦荡，乐观旷达，可以包容天地，听任自然。这样，不管是人生阳光照耀得意也好，风吹雨打失意也罢，都能随遇而安。

单词与释义 sway *v.* 摇摆，摆动；sandal *n.* 凉鞋；outdo *v.* 超过，胜过；saddle *n.* 马鞍；sober *adj.* 清醒的，冷静的。

演讲技巧 夹叙夹议：如果要融合叙事和议论，最好区分成两个板块，先讲故事，再进行议论性解释。

了解自己，演讲入门

1 A best friend.

Introduction:

Introduce your best friend by name.

Body:

How we met?

Shared experiences.

Why he/she is my best friend?

Conclusion:

Reflect on the value of friendship./Express gratitude for your best friend's presence in your life.

思考 Why is this friend special?

句型与表达 Today, I want to share with you all about my closest companion, ［Name］.

Our friendship began when we ...

Some of our fondest memories include ...

［Name］has always been there for me, offering unwavering support and encouragement.

I am truly grateful for the presence of [Name] in my life, and I cherish our bond deeply.

演讲技巧　明显的段落结构：如果是按照时间顺序讲解如何和某人成为朋友，一定要有明确的时间标记词，比如 firstly, secondly, then, subsequently, immediately, next, furthermore, finally。

❷ A passion.

Introduction:

A definition or personal interpretation of passion.

Introduce your passion.

Body:

Discovery:

How you discovered your passion.

Journey:

The journey of developing your passion.

Challenges faced and how you overcame them.

Impact:

Explain how your passion has impacted your life or others.

Share a specific example or story to illustrate this impact.

Conclusion:

Summarize why your passion is important to you.

思考　Why is passion so important?

句型与表达　Introduction: Passion, to me, is ...

Discovery: I firstly discovered my passion for [thing] when ...

Journey: From the moment I discovered my passion, I embarked on a journey to ...

Challenges and Overcoming: One of the biggest challenges I faced in pursuing my passion was ...

Impact: My passion for [thing] has had a profound impact on my life by ...

Conclusion: In conclusion, my passion for [thing] is important to me because ...

演讲技巧 完整性：一个演讲应该是有开头和结尾的，在练习的初期尝试根据句型提示做完整的演讲。

❸ A challenge.

Introduction:

Introduce a specific challenge you faced.

Body:

Detailed Description:

Detail the steps you took to overcome the challenge.

Discuss any help you received.

Lessons Learned:

Reflect on the lessons learned from facing the challenge.

Share how the challenge has changed you.

Conclusion:

Reinforce the value of overcoming challenges.

思考 Is the lesson you learned important to others as well?

句型与表达 Introduction:

One of the biggest challenges I've faced in my life was ...

Response to the Challenge:

My first step in tackling the challenge was to ...

I received support from ...

Lessons Learned:

One of the key lessons I took from this challenge was ...

This challenge has shaped me into a more resilient individual ...

Conclusion:

This experience has taught me that challenges are opportunities for growth ...

演讲技巧 观众意识：在讲述自己的故事时，应该牢记演讲的目的是让听众也有所收获，所以应该避免过于详细地叙述自己的故事，而是尝试找到可以和观众建立联系的部分。

④ A book.

Introduction:

Start with a quote or theme from the book.

Introduce the book's title and author.

Body:

Summary:

Provide a brief summary of the book's plot.

Personal Impact:

Discuss how the book affected you personally.

Share a moment or an idea from the book that was particularly impactful.

Universal Themes:

Explore the broader themes of the book.

Discuss how these themes relate to everyday life.

Conclusion:

Summarize why this book is significant to you.

Recommend the book to your audience and explain why.

思考 Why do you choose the book?

句型与表达

Introduction:

Today, I want to share with you a book that explores ... It's titled [Book Title] by [Author's Name].

Summary:

This book is mainly about ...

Personal Impact:

Personally, this book resonated with me on a deep level.

Universal Themes:

Beyond its captivating storyline, [Book Title] explores universal themes that many of us can relate to. Themes such as loyalty, betrayal, and the power of forgiveness are intricately woven into the narrative.

The book sheds light on ...

Conclusion:

I encourage you to pick up a copy of [Book Title] and experience the magic of its storytelling for yourself. You won't be disappointed.

演讲技巧 学会取舍：在演讲中最难割舍的就是故事或者内容的细节，比如在介绍一本书的时候，我们往往很难用简单的语言介绍整本书的内容。因此为了观众更好地理解，我们应该学会抓住重点，学会取舍。只有观众理解我们演讲的内容，演讲才是有效的，所以应该大胆舍弃不必要的部分，抓住核心。

⑤ A quality.

Introduction:

Begin with an explanation of the quality.

State why this quality is important to you.

Body:

Personal Connection:

Share a story that demonstrates how you have this quality.

Discuss how this quality has influenced you.

Influences:

Discuss the role models in your life regarding this quality.

Impact:

Explain how this quality has impacted you.

Provide examples of how this quality has been beneficial.

Conclusion:

Reflect on the importance of nurturing positive qualities.

思考 Why is the quality so important? What does it mean to you?

句型与表达

Introduction:

Today, I want to talk about the importance of [quality] in our lives.

Personal Connection:

Let me share a personal story that illustrates how I embody this quality.

Influences:

This quality helps me a lot in ...

Impact:

Having [quality] has had a profound impact on my life, shaping my decisions and relationships.

Conclusion:

In conclusion, nurturing positive qualities like [quality] is essential ...

演讲技巧 故事的选择：在讨论抽象的内容的时候，我们可以选择用名人事例或者自己的事例进行说明。自己的事例在真实性上更有说服力，名人的事例更便于观众理解，因此在选择支撑材料的时候，要综合考虑自己想达到的效果选择合适的故事或案例。

❻ Find your voice.

Students are required to think of something they want to talk about and make a speech accordingly.

思考 Why do you want to make the speech?

句型与表达

开放性综合训练，请选择自己感兴趣且有意义的演讲主题，可以参考以下演讲结构：

Present a core idea

Design a structure

Have a purpose

Form a style

...

演讲技巧 演讲技能整合：明确的中心思想；清晰完整的结构；有趣的材料；富有激情和流畅的表达。

中文 9 星级

绕口令

① 巴老爷芭蕉树

bā lǎo ye yǒu bā shí bā kē bā jiāo shù
巴老爷有八十八棵芭蕉树，

lái le bā shí bā gè bǎ shi yào zài bā lǎo ye bā shí bā kē bā jiāo shù xià zhù
来了八十八个把式要在巴老爷八十八棵芭蕉树下住。

bā lǎo ye bá le bā shí bā kē bā jiāo shù
巴老爷拔了八十八棵芭蕉树，

bú ràng bā shí bā gè bǎ shi zài bā shí bā kē bā jiāo shù xià zhù
不让八十八个把式在八十八棵芭蕉树下住。

bā shí bā gè bǎ shi shāo le bā shí bā kē bā jiāo shù
八十八个把式烧了八十八棵芭蕉树，

bā lǎo ye zài bā shí bā kē shù biān kū
巴老爷在八十八棵树边哭。

② 数狮子

gōng yuán yǒu sì pái shí shī zi
公园有四排石狮子，

měi pái shì shí sì zhī dà shí shī zi
每排是十四只大石狮子。

měi zhī dà shí shī zi bèi shàng shì yì zhī xiǎo shí shī zi
每只大石狮子背上是一只小石狮子，

měi zhī dà shí shī zi jiǎo biān shì sì zhī xiǎo shí shī zi
每只大石狮子脚边是四只小石狮子。

shǐ lǎo shī lǐng sì shí sì gè xué shēng qù shǔ shí shī zi
史老师领四十四个学生去数石狮子，

nǐ shuō gòng shǔ chū duō shǎo zhī dà shí shī zi hé duō shǎo zhī xiǎo shí shī zi
你说共数出多少只大石狮子和多少只小石狮子？

❸ 四和十

sì hé shí　shí hé sì
四和十，十和四，

shí sì hé sì shí　sì shí hé shí sì
十四和四十，四十和十四。

shuō hǎo sì hé shí děi kào shé tou hé yá chǐ
说好四和十得靠舌头和牙齿：

shuí shuō sì shí shì xì xí
谁说四十是"细席"，

tā de shé tou méi yòng lì
他的舌头没用力。

shuí shuō shí sì shì shì shí
谁说十四是"适时"，

tā de shé tou méi shēn zhí
他的舌头没伸直。

rèn zhēn xué　cháng liàn xí　shí sì　sì shí　sì shí sì
认真学，常练习，十四、四十、四十四。

经典散文

❶ 玉带桥

wǒ guó yǒu xǔ duō gǔ qiáo míng jiào yù dài qiáo　dàn qí zhōng zuì wéi zhù míng de　biàn shì
我国有许多古桥名叫玉带桥，但其中最为著名的，便是

jiàn yú yí hé yuán kūn míng hú shàng de zhè zuò　zhè zuò yù dài qiáo jiàn yú qīng cháo qián lóng nián
建于颐和园昆明湖上的这座。这座玉带桥建于清朝乾隆年

jiān　yǐ jīng yǒu liǎng bǎi duō nián de lì shǐ le
间，已经有两百多年的历史了。

xī dī yù dài qiáo bié jù yì gé　qí dān kǒng jìng kuà　mǐ　shǐ gāo ① yuē
西堤玉带桥别具一格，其单孔净跨 11.38 米，矢高① 约

mǐ　kuān yuē　mǐ　qiáo tǐ quán yòng hàn bái yù hé qīng bái shí gòu jiàn chéng　qiáo dǐ
7.5 米，宽约 5 米，桥体全用汉白玉和青白石构建成。桥底

suī wú mù liáng zhī chēng　dàn tā yī rán jiān gù wú bǐ　yóu yōu yǎ de hú xíng qiáo miàn xíng
虽无木梁支撑，但它依然坚固无比。由优雅的弧形桥面形

chéng gǒng xuàn jié gòu　zuò wéi xī dī shàng wéi yī de gāo gǒng shí qiáo　tā bù jǐn néng gòu chéng
成拱券结构。作为西堤上唯一的高拱石桥，它不仅能够承

zài lái wǎng xíng rén　yě shì dāng nián qián lóng dì cóng kūn míng hú chéng chuán dào yù quán shān de
载来往行人，也是当年乾隆帝从昆明湖乘船到玉泉山的

---

① 矢高，指拱桥主拱圈从拱顶到拱脚的高差。

通道。

这座桥不仅坚固，而且极为美观。洁白的桥栏望柱上雕有各式向云中飞翔的仙鹤，雕工精细，形象生动，显示着一代雕刻工匠的艺术结晶。玉带桥拱高而薄，形若玉带，弧形的线条十分流畅。半圆的桥洞与水中的倒影，构成一轮透明的圆月，四周桥栏望柱倒影参差，在绸缎般的水面上浮动荡漾，构成一片动人的美景。因为玉带桥的造型玲珑秀美，所以深得乾隆帝喜爱。直到今天，我们还能在桥头东面见到乾隆皇帝的御提："螺黛一痕平铺明月镜，虹光百尺横映水晶帘。"

玉带桥不仅是交通的重要通道，还是古代建筑艺术的杰作。它承载着悠久的历史和丰富的文化，见证了无数世代的繁荣与变迁。这座桥，不仅是物质文化的遗产，还是中华民族智慧的象征。

❷ 黄山天都峰

清晨，我来到黄山天都峰。今天的天气格外晴朗，湛蓝的天空中飘着几朵洁白的云彩。天都峰在晨光的映照下，显得巍峨壮丽。层层叠叠的山峰，像是大地上的巨人，稳稳地矗立在天地之间。登山的石阶蜿蜒曲折，仿佛一条白色的玉带缠绕在青翠的山腰间。沿着石阶向上，左右两边是苍翠的松林，松针在微风中轻轻摇曳，发出沙沙的声响。

我沿着石阶走近峰顶。两块巨大的岩石巍然耸立，仿佛天都峰的守护者。岩石后面是一块宽敞的观景台，站在这里可以俯瞰整个山谷。远处的群山层峦叠嶂，近处的山道盘旋而上，一切都被晨雾轻轻笼罩着，若隐若现，如同仙境一般。天都峰顶端的松树，挺拔地站在崖边，像一个个坚毅的卫士，守望着四方。

我站在观景台上，手扶着护栏，远望群山，云海在山谷中翻滚，山峰时隐时现，仿佛大海中的岛屿，随着云雾的涌动若即若离。侧耳倾听，山风在耳边低语，鸟鸣在松林间回荡，似乎在诉说着黄山的历史与传奇。

雄伟的天都峰，仿佛一座天然的屏障，守护着这片土地。真可谓："一峰飞架天地。"

③ 山城雾都

我的家乡在重庆，它是一座山城，也是"雾都"。清晨，城市被浓雾笼罩，山间、江面都如同隐藏在轻纱后，给人一种朦胧的美感。长江和嘉陵江像两条银色的丝带，在山谷间缓缓流淌，江面上有橙色的货船和蓝白色的渡轮来来往往，仿佛在云雾中漂浮。

山脚下是老街，青砖瓦房依山而建，石板路上铺满青苔。早晨，小摊贩们卖着热腾腾的重庆小面，香气在雾中弥漫。孩子们在老街上嬉戏，欢声笑语穿透雾气，回荡在狭窄的巷子里。

家家户户的院落里种满了植物，桂花树、柚子树、蔷薇遍布各处。秋天，桂花的香味融入山城的雾中，空气中充满了甜蜜的气息。

山城的公园更是美丽。这里种着许多古老的黄桷树，一棵棵黄桷树如同撑开的巨大绿伞，树冠浓密，遮住了烈日。公园里还有一条蜿蜒的小溪，清澈见底，溪水绕着巨石流淌，发出悦耳的声音。人们喜欢在黄桷树下乘凉，或者在溪边散步，享受这片刻的宁静。

重庆的街道也别具一格。除了宽敞的柏油马路，还有许多石阶小巷，蜿蜒曲折，直通山顶。踩在石阶上，能听到清脆的脚步声，仿佛在诉说着这座城市的历史。山城人把街道打扫得干干净净，连一片落叶都舍不得丢下。

这座雾中的山城，既美丽又充满了独特的风情。

④ 夜空中的繁星

为了欣赏夜空中的星星，我常常熬夜守候。那时，夜色已深，四周一片寂静，只有偶尔传来的风声和树叶的沙沙声。

天空一开始是一片深蓝，静谧而广阔。突然，在天边的某处，一颗星星闪烁起来，微弱的光芒逐渐变得明亮。我知道夜晚的星空即将被点亮，便屏息凝神，注视着那片天空。

果然，不久之后，更多的星星陆续出现，仿佛从夜的深处缓缓浮现。它们的光芒各不相同，有的清冷如冰，有的温暖如火，但都柔和而动人。这些星星好像在黑暗的天幕上轻轻跳跃，慢慢地，整片天空都被星光点缀得璀璨无比。

有时，夜空中会有些薄薄的云雾，星光透过云层，洒在大地上，给一切蒙上了一层神秘的光辉。这时，星光与云雾交织在一起，形成了一幅梦幻般的画面，分不清哪里是天，哪里是地。

有时，天边会出现一片浓重的乌云，将星星遮掩得若隐若现。然而，星光却顽强地穿透云层，在乌云的边缘镶上一道银色的光圈。慢慢地，星星挣脱了乌云的束缚，重新在夜空中闪耀，将乌云也染成了淡淡的银灰色。这时，整个世界都被星光照亮，我仿佛也沐浴在这静谧的光辉中。

这难道不是一场奇妙的夜空之舞吗？

❺ 荷塘月色（节选）①

月光如流水一般，静静地泻在这一片叶子和花上。薄薄的青雾浮起在荷塘里。叶子和花仿佛在牛乳中洗过一样；又像笼着轻纱的梦。虽然是满月，天上却有一层淡淡的云，所以不能朗照；但我以为这恰是到了好处——酣眠固不可少，小睡也别有风味的。月光是隔了树照过来的，高处丛生的灌木，落下参差的斑驳的黑影，峭楞楞如鬼一般；弯弯的杨柳的稀疏的倩影，却又像是画在荷叶上。塘中的月色并不均匀；但光与影有着和谐的旋律，如梵婀玲上奏着的名曲。

荷塘的四面，远远近近，高高低低都是树，而杨柳最多。这些树将一片荷塘重重围住；只在小路一旁，漏着几段空隙，像是特为月光留下的。树色一例是阴阴的，乍看像一团烟雾；但杨柳的丰姿，便在烟雾里也辨得出。树梢上隐隐约约的是一带远山，只有些大意罢了。树缝里也漏着一两点路灯光，没精打采的，是渴睡人的眼。这时候最热闹的，要数树上的蝉声与水里的蛙声；但热闹是它们的，我什么也没有。

---

① 朱自清著：《荷塘月色》，四川人民出版社 2023 年版。

❻ 云海

黄山的云海，自古以来被誉为人间仙境。

清晨，我们登上黄山，来到了著名的观云台，黄山的群峰尽收眼底。山谷间弥漫着淡淡的云雾，仿佛给大地披上了一层轻纱。远处，几座高耸入云的山峰在晨光中若隐若现，宛如仙境一般。此时，山间还是一片寂静，只有几声清脆的鸟鸣在空气中回荡。观云台上早已聚满了游人，大家屏息静气，目光紧紧地盯着东方，等待着云海的出现。

不久之后，山谷里开始涌动起淡淡的雾气。慢慢地，这雾气愈发浓厚，仿佛从地底升腾而起。一片片云雾在山间聚集，开始铺展开来。远处的山峰似乎漂浮在云海之上，若隐若现，仿佛一幅水墨画。人群开始骚动，有人兴奋地喊道："云海来了！"

云雾逐渐汇聚成一片浩瀚的云海，缓缓地在山谷间翻涌。起初，只是薄薄的一层，随着时间的推移，云海越来越浓，仿佛是无数银白的波涛在山间奔腾。远看，云海像一片无边无际的白色大洋，山峰犹如大洋中的孤岛，时隐时现。云海的波涛时而轻柔，时而汹涌，仿佛在大自然的指挥下，进行着一场壮丽的演奏。

突然，云海涌动得更加猛烈，仿佛千万匹白色骏马在山谷间奔腾而过，声势浩大，令人叹为观止。片刻之后，云海逐渐平息下来，山间恢复了宁静，仿佛刚才的一切都只是一场美丽的幻影。

当云雾渐渐消散，群山重新露出了它们的峥嵘面貌，阳光洒在山峰和树梢上，金光闪闪，仿佛大地迎来了新生。回望观云台下，山谷里的云海已然退去，黄山又恢复了它原有的雄伟与宁静。

❼ 西湖

曾有诗云："欲把西湖比西子，淡妆浓抹总相宜。"我们乘着小船悠然荡漾在西湖上，领略这如诗如画的湖光山色。

我看见过奔流不息的黄河，观赏过气势磅礴的长江，却从未见过像西湖这样的水。西湖的水真柔啊，柔得像丝绸般轻轻拂过；西湖的水真清啊，清得能映出天上的云彩和湖底的水草；西湖的水真美啊，美得仿佛是画家精心绘制的油画。船桨划过湖面，激起微微的波纹，水中的倒影随着波动轻轻摇曳，让你仿佛置身于一场梦境。

我攀登过险峻挺拔的华山，流连过层林尽染的香山，却从未见过西湖周围的山。西湖的山真秀啊，山峰绵延起伏，翠绿欲滴，像一幅天然的屏风；西湖的山真雅啊，古树参天，花木扶疏，充满了江南的灵秀气息；西湖的山真静啊，远离尘世喧嚣，山林间只听得见鸟鸣与风声。

这样的山环绕着这样的水，这样的水倒映着这样的山，再加上湖面上漂着几艘小船，岸边杨柳依依，湖中荷花点点，让人仿佛走进了一幅流动的山水画，真是"最爱湖东行不足"呀！

❽ 只有一个家园

在浩瀚无垠的宇宙中，有一个美丽的蓝色星球，那是我们的家园——地球。然而，我们也应该明白，其实我们只有一个家园。

我们的家园是如此的独特。它有着广袤的陆地，起伏的山脉巍峨耸立，仿佛大地的脊梁；辽阔的平原一望无际，孕育着无尽的生机；奔腾的江河如大地的血脉，流淌着生命之水，滋养着万千生灵；深邃的海洋占据了地球的大部分表面，那神秘的蓝色世界里，有着丰富多彩的生物，它们共同构成了一个奇妙的生态系统。

家园中的空气是那么的清新，让我们自由地呼吸。蓝天白云下，鸟儿欢快地飞翔，歌唱着生活的美好。绿树成荫，花草繁茂，为大地披上了绚丽的外衣。各种动物在这片土地上繁衍生息，它们与人类共同构成了这个丰富多彩的世界。

然而，我们却没有好好珍惜这个唯一的家园。过度的开发、污染和破坏，让我们的家园变得千疮百孔。森林被砍伐，水土流失严重；河流被污染，鱼儿失去了生存的空间；大气被污染，蓝天白云不再常见。资源的过度开采，让地球的负担越来越重。

我们必须清醒地认识到，只有一个家园，我们不能再肆意破坏它。我们应该采取积极的行动，保护我们的家园。节约资源，减少浪费，让每一滴水、每一度电都发挥出最大的价值。植树造林，让大地重新披上绿色的外衣。减少污染，让空气更加清新，让河流更加清澈。保护动物，维护生态平衡，让我们的家园充满生机。

我们只有一个家园，让我们共同努力，守护这片美丽的土地，让它永远绽放光彩！

拓展学习：魅力演讲

❶ 真实的情感

福林先生学演讲

在华盛顿的某个口才训练班里有位福林先生，他刚参加训练时，从一家报社所发行的一本小册子里仓促且大略地搜集了一些关于美国首都的资料，然后向众人演讲。他虽然在华盛顿住了许多年，却没能举出一个亲身的经历来说明自己为什么会喜欢这个地方，只是一味陈述着这个城市的妥善建设，所以听起来就让人感到枯燥、生硬，大家听得不耐烦，他自己也讲得痛苦。

出人意料的是，在两个星期后发生了一件事情：他的新车停放在街上，竟有人开车把它撞了个稀烂，并且逃逸无踪。这可把福林先生害惨了，这件事是他亲身的经历，所以当他说起这辆撞得稀烂的汽车时，他异常激动，说起话来滔滔不绝，怒气冲天好像维苏威火山在眼前爆发了。

两个星期前，同学们听他的演讲时还觉得烦躁无聊，时常在椅子上扭动，现在却给了福林先生热烈的掌声。

请思考：为什么前后两个星期，听众的反应会如此不同？福林先生的演讲为什么能打动他人？

❷ 聚焦问题，畅谈感想

在《只有一个地球》这篇课文中，宇航员发出了这样的感叹："我们这个地球太可爱了，同时又太容易被破坏了！"这篇有关保护环境和珍惜资源的课文给我们留下了深刻的印象，现在大家来谈一谈这篇课文带给你的触动和体会吧！

❸ 发现问题，搜集信息

请思考：我们赖以生存的地球只有一个，它多么需要我们的保护呀！可生活中，浪费资源、污染环境的现象却屡见不鲜。请回忆一下，你有没有听到过、看到过或亲身经历过这样的事呢？如何解决这些问题呢？

❹ 设计结尾，发出倡议

（1）设问式结尾

曾有诗云："半亩方塘一鉴开，天光云影共徘徊。问渠哪得清如许，为有源头活水来。"朋友们，对我们来说，一本好书不就是这"源头活水"吗？

（2）号召式结尾

雄鹰要到广阔的碧空中搏击风雨，鱼儿要到浩瀚的海洋里劈波斩浪，我也要到丰富的书籍里获取精神食粮！让我们打开书本，打开自己的成长之门，走向人生发展的崇高境界吧！

（3）总结式结尾

书教会了我许多道理，给了我很多快乐。书里面真的蕴含着许多在生活中学不到的东西。书将永远伴随我成长，在成长的道路上永远陪伴我！因此，我们也应该保持读书的好习惯。

❺ 拓展练习

以"保护环境"为主题，写一篇演讲稿。

英语 9 星级

1 *Cathy Quince · At the Rain Rock*（《生查子·游雨岩》）

The stream does my shadow mirror,

The sky rolls beneath the clear stream.

In the sky white clouds flow thither,

My heart to the white clouds does beam.

Who will sing, sing aloud with me?

A clear song floats from the void dale.

Not ghost nor god, what can it be?

A tune: peach blossom-water tale.

Speech Topic: How do you view the relationship between humans and nature?

原文　生查子·游雨岩

〔宋〕辛弃疾

溪边照影行，

天在清溪底。

天上有行云，

人在行云里。

高歌谁和余？

空谷清音起。

非鬼亦非仙，

一曲桃花水。

重点　这段文字描述了词人在山间溪水旁漫步的场景。他欣赏着清澈的溪水和天空中的云彩，感受到了大自然的美好。词人独自行走，听到了山谷中回荡的清脆声音，并因此高兴地唱起歌来。这篇文字描绘了词人在自然中的愉悦和寂寞，以及他对大自然美妙声音的感受。

思考　Do you think man should conquer nature or live in peace with nature? Why do you think so?

单词与释义　beneath *adv.* 在……之下；thither *adv.* 向那里，到那里；beam *n.* 光束，光线；float *v.* 漂浮，浮动；void *adj.* 空的，无效的；dale *n.* 山谷。

演讲技巧　观点选择：当演讲中需要选择观点的时候，尽可能有明确的观点，而不是模棱两可觉得两者都要。比如在叙述人类和自然的关系的时候，需要明确人应该和自然和谐共处还是人应该有征服自然的勇气，两者各有优劣，请选择自己更倾向的观点进行说明。

❷ *A Fisherman's Pride*（《渔家傲》）

The drizzle wets the world with a soft sough,

The willows hide the village with mist now.

The flowers so damp can't fly off, o no.

My endless woe,

With the tide of the spring, does downstream flow.

How long can one hope to keep his best time?

A turtle when old can't prolong his prime.

I would give myself to fun in a wine shop.

In wine I'll sop,

To wipe old tears and revel without stop.

Speech Topic: How should we face frustrations?

原文 渔家傲

[宋]朱 服

小雨纤纤风细细,

万家杨柳青烟里。

恋树湿花飞不起。

愁无比,

和春付与东流水。

九十光阴能有几?

金龟解尽留无计。

寄语东阳沽酒市。

拚一醉,

而今乐事他年泪。

重点 这首词通过表现对春天的怀念和伤感来抒发情感。上阕描绘了春雨细如丝、烟笼罩杨柳、水流花落、春光渐渐消逝的景象,引发了词人的忧思。下阕抒发了词人对浮生若梦的感慨,唯有在酒中寻求快乐,陶醉其中以忘却忧愁。

思考 Shall we should fully experience the sorrow or be positive to fight back when facing frustrations?

单词与释义 mist *n.* 薄雾，雾气；damp *adj.* 潮湿的，湿润的 / *v.* 使潮湿，阻止……的发展；revel *v.* 狂欢，尽情享乐，陶醉。

演讲技巧 完整的结构：在这个演讲中，尽量找到一个面对困难的至关重要的解决方式，用自己或他人的事例进行说明，最后点出这个方法的好处和意义。

❸ *A Visit to Lonely Ocean*（过零丁洋）

> *In all straits, I've read classics to be known;*
>
> *The war has ended with stars all around.*
>
> *Our land is now broken like catkins blown;*
>
> *I've roamed, a rain-washed duckweed to be drowned.*
>
> *On Panic Shoal great panic I deplore!*
>
> *In Lonely Ocean, so lonely, I sigh.*
>
> *Who could e'er avoid his death since of yore?*
>
> *I'd keep my heart to the age glorify.*

Speech Topic: Why do we need dignity?

原文 过零丁洋

[宋] 文天祥

辛苦遭逢起一经，干戈寥落四周星。

山河破碎风飘絮，身世浮沉雨打萍。

惶恐滩头说惶恐，零丁洋里叹零丁。

人生自古谁无死？留取丹心照汗青。

重点 这首诗是一位爱国志士在国破家亡之际的悲壮自白。上篇描写了他在战乱中的漂泊与无助，感叹国家破碎、山河不再；下篇表达了他对命运的无奈与抗争，以及对忠诚与气节的坚守。

思考 What shall we do if we are trapped by reality?

单词与释义 strait *n.* 海峡，困境；catkins *n.* 柳絮；duckweed *n.* 浮萍；yore *n.* 往昔，昔日。

演讲技巧 如何扩大影响力：当我们讨论尊严对人的意义时，我们不仅想说尊严对自己的意义，还希望扩大自己演讲的普世价值。这时，我们可以通过运用历史、时政或名人的例子，通过案例的影响来扩大自己演讲内容的影响。比如，不仅思考自尊对我们有什么意义，还试着思考尊严对社会、国家有什么意义。

❹ *Daybreak* (《破晓》)

> *On the wood-lattice window, a swish-swish sound,*
> *Shed to the thin-ice like paper, a faint light.*
> *The eyes in the morning, no warmth at all to be found,*
> *Having put out the stove fire, you are clinging to last night.*
> *Suddenly, there comes from the frozen sky a toll of bell;*
> *With a rise-fall rhythm, cold flowers bloom in the dales!*
> *Now any dream should be folded, to be stored well,*
> *Another day has come on and passed your window rails.*

Speech Topic: How shall we deal with the conflict between dreams and reality?

原文 破晓

林徽因

木格子窗上，支支哑哑的响。

泻像薄冰的纸上，一层微光。

早晨的睡眼见不到一点温暖，

你同熄了的炉火应在留恋昨晓。

忽然钟声由冻骤的空中敲出，

悠扬的击节，寒花开在山谷！

这时，任何的梦该卷起，好好收藏，

又一天的日子已迈过你的窗栏。

思考 Read and learn the English and Chinese versions:

What message do you think the author intends to express in the poem?

单词与释义 lattice *n.* 格子，点阵；swish *v.* 呼啸而过；faint *adj.* 微弱的，模糊的；cling *v.* 依恋，依附；toll *n.* 敲钟声；rail *n.* 栏杆，扶手。

演讲技巧 丰富的结构：丰富的结构可以使我们的演讲更加生动有趣和易于理解。除了提出中心观点之外，我们可以使用多样的结构来编排演讲内容。最常见的结构包括：正反结构——首先介绍遵循某种规则或观点的好处，然后说明不遵循可能带来的危害或后果；因果结构——首先描述当前存在的问题或挑战，然后说明某种观点或解决方案可以如何解决这个问题，展示因果关系；平行结构——提出两个支撑观点，支撑主要观点，以此加强主张的可信度和说服力；时间顺序结构——按照事件发展的时间顺序来组织演讲内容，使听众更容易理解事件的发展过程。

⑤ *The Yellow Crane Tower*（《黄鹤楼》）

The sage is gone, riding a yellow crane,

Leaving the Yellow Crane Tower in vain.

The yellow crane will ne'er return once gone,

The white clouds above for e'er hanging on.

The trees by River Shine loom apparent,

The grass on Parrot Shoal grows luxuriant.

The dusk falling now, how is my hometown?

The mist o'er the water makes my heart mourn.

Speech Topic: What do I love most about my hometown and why?

原文 黄鹤楼

[唐] 崔　颢

昔人已乘黄鹤去，

此地空余黄鹤楼。

黄鹤一去不复返，

白云千载空悠悠。

晴川历历汉阳树，

芳草萋萋鹦鹉洲。

日暮乡关何处是？

烟波江上使人愁。

重点 诗中抒发了乡愁和对逝去时光的思念之情。这首诗通过对黄鹤楼和周围景物的生动描绘，表现了诗人内心的孤寂和思乡之情。本诗运用了丰富的意象和典故，如黄鹤典故、晴川汉阳、仙人乘鹤西去等，增强了诗歌的意境和感染力。此外，诗中采用了叠字和重复的手法，使诗歌更具韵律美和表现力。

思考　Do you know that people can show love in different ways? Can you introduce two ways that you show love to your parents or friends?

单词与释义　sage *n.* 圣人，智者；loom *v.* 赫然出现；apparent *adj.* 明显的，显然的；luxuriant *adj.* 茂盛的，繁茂的；mourn *v.* 哀悼，哀伤。

演讲技巧　丰富的情感表达方式：当我们表达对一件事物喜爱的时候，可以有多种不同的表达方式。比如当谈到喜欢故乡时，我们可能会首先想到它美好的景色、便利的生活方式，或者有很多我们爱的人。但是这首诗通过对故乡的思念和怀念来表达对故乡的喜爱，是一种新颖的视角和方法。请仔细思考还有什么可能的视角呢？

❻ *War Drums*（《诗经·邶风·击鼓》）

> *Tang, tang, the war drums sound,*
> *The soldiers leap and bound.*
> *To build walls others stay,*
> *Southward I make my way.*
>
> *We follow Sun Zizhong*
> *To appease Chen and Song.*
> *For long we can't go back,*
> *How sad we are alack!*
>
> *Where to rest or abide?*
> *Where is my horse to ride?*
> *Where to find it, I brood;*
> *I search and search the wood.*

"We'll never go apart"
The vow's borne in my heart.
Of your hands I took hold,
"I'll stay with you till old."

We're kept far far away,
When is our meeting day?
Apart for so long now,
How can I keep the vow?

Speech Topic: Why do people value peace?

原文　诗经·邶风·击鼓

击鼓其镗，
踊跃用兵。
土国城漕，
我独南行。

从孙子仲，
平陈与宋。
不我以归，
忧心有忡。

爰居爰处？
爰丧其马？

于以求之？

于林之下。

死生契阔，

与子成说。

执子之手，

与子偕老。

于嗟阔兮，

不我活兮。

于嗟洵兮，

不我信兮。

重点　镗（táng）：鼓声。其镗，即"镗镗"。漕：地名。孙子仲：卫国大夫。陈、宋：诸侯国名。有忡：忡忡。爰（yuán）：于是。丧：丧失，此处言跑失。于以：于何。契阔：聚散。契，合；阔，离。成说：成言也犹言誓约。于嗟：即"吁嗟"，犹言今之哎哟。活：借为"佸"，相会。洵：远。信：一说古伸字，志不得伸；一说誓约有信。

本诗描写了战鼓的咚咚声和士兵们的热情。当其他人忙着修城墙时，作者却跟随将军远征陈、宋，长时间离家未归。今晚他们不知该在哪里投宿。战马丢失了，他们在森林中苦苦寻找却找不到。此时，他想起了妻子，想起了离别前的誓言。可惜，与妻子偕老的承诺恐怕无法实现。

思考　Why do you think peace is so important to the world?

单词与释义　leap *v.* 跳跃，飞跃；bound *v.* 跃动，跳跃；abide *v.* 忍受，遵守；borne *v.* 承受，负担；vow *n.* 誓言，诺言；apart *adv.* 分开，分离。

演讲技巧　演讲的层次感：在讨论战争与和平这样宏大的话题时，最好由己及人，由小见大。在演讲的层次感上可以体现为和平对个人的影响，对一个国家的意义以及对世界长期发展的意义。

收集话题，撰写讲稿

① The Chinese Cuisine: Anhui Cuisine，Guangdong Cuisine, Fujian Cuisine, Hunan Cuisine, Jiangsu Cuisine, Shandong Cuisine, Sichuan Cuisine, Zhejiang Cuisine ...

Introduction:

Share your favorite cuisine/the cuisine from your hometown.

Body:

Explore the cuisine's unique characteristics and cultural significance.

Conclusion:

Reflect on the diversity and richness of Chinese culinary traditions.

重点 Research skills in public speaking.

思考 What do you know about Chinese cuisines? Can you introduce one or two dishes of your local cuisine?

句型与表达 在描述食物或烹饪技术时，可以使用以下句型：

This dish is known for its ...

It has a distinctive taste of ...

The dish is made with fresh/local ingredients such as ...

Traditionally, it's cooked in/on ...

Beyond its culinary appeal, this dish holds cultural significance because ...

Whenever I eat this dish, it brings back memories of ...

In conclusion, the diversity of Chinese cuisine showcases ...

演讲技巧 搜索技能：要使演讲更有说服力，演讲者应该对演讲的内容进行背景知识的了解。如介绍一个菜系之前，应该了解该菜系流行的区域、简单的历史背景、菜系特征的相关词汇等。

❷ The Chinese Music: Xun

Introduction:

Introduce the Xun, an ancient Chinese musical instrument.

Briefly mention its historical significance and unique sound.

Body:

Historical Background

Characteristics of Xun

Cultural Significance

Discuss contemporary relevance and efforts to preserve Xun music.

Conclusion:

Reflect on the importance of preserving traditional musical instruments like the Xun.

重点 The will to explore things you are not familiar with.

思考 What is special about the Chinese musical instrument Xun? How will you introduce it to those knowing nothing about it?

句型与表达

Originating in〔region/era〕, the〔instrument name〕has a rich history dating back to ...

One of the distinctive features of the [instrument name] is its ability to ...

In [culture/region] , [instrument name] holds significant cultural symbolism, representing ...

Mastering the [instrument name] requires precision and dexterity, as performers must ...

Through its haunting melodies and evocative harmonies, [instrument name] has the power to ...

In the long term, learning and passing down [instrument name] can ...

演讲技巧 意义的叙述：我们在演讲中经常会遇到自己不熟悉或者不感兴趣的题目，但是演讲的能力也包括对这些话题的处理。在面对这些话题时，我们应该首先保持开放的态度去了解和检索，发掘其中的意义。如，在讨论中国古代乐器的时候，我们也许可以尝试探索传承这些乐器的意义，或者扩大到中国音乐对丰富世界音乐形式的意义。

❸ The Chinese Architecture: The Suzhou Gardens

Introduction:

Introduce the Suzhou Gardens as exemplars of classical Chinese garden design.

It is a UNESCO World Heritage.

Body:

Design Principles:

Discuss the philosophical and aesthetic principles underlying the gardens, such as harmony with nature and the concept of "borrowed scenery".

Explain how these principles are manifested in the layout, structures, and landscaping.

Cultural and Historical Context:

Provide a brief history of the famous Suzhou Gardens and their creators.

Architectural Elements:

Discuss how key architectural features such as pavilions, bridges, water features are integrated to create a cohesive and serene environment.

Conclusion:

Summarize the significance of the Suzhou Gardens in Chinese cultural history.

重点 Use specific sets of vocabulary to show your proficiency in the language.

思考 What is special about the Suzhou Gardens?

句型与表达

The Suzhou Gardens are renowned for their ...

As UNESCO World Heritage sites, the Suzhou Gardens represent a cultural treasure that embodies the artistic and philosophical ideals of ...

At the heart of Suzhou Garden design lies the principle of ...

The concept of "borrowed scenery" is central to Suzhou Garden design, allowing visitors to ...

As symbols of cultural identity and artistic expression, the Suzhou Gardens continue to ...

演讲技巧 语言的使用：在讨论某个具体内容的时候，应该把握实用词汇的精准性，但记住不要使用太多难词、偏词，以免影响观众理解。如在介绍苏州园林时，可以用到 pavilion、borrowed scenery 等单词形容其建筑特征，展现对园林的了解，但记住不要使用太多专有名词让观众一头雾水。而且在介绍一些有文化特色的内容，如 changing the landscape with every step（移步换景）时，应该加以简单解释和说明。

④ The Chinese Clothes: Hanfu

Introduction:

Introduce Hanfu as the traditional clothing of the Han Chinese people.

Mention its resurgence in popularity as a symbol of cultural pride.

Body:

Historical Evolution:

Discuss the variations in style, fabric, and decoration over time.

Cultural Significance:

Explain the symbolic meanings behind different Hanfu styles and colors.

Modern Revival:

Discuss the modern revival of Hanfu and its significance among young Chinese.

Address the impact of this revival on contemporary fashion and cultural identity.

Conclusion:

Reflect on the importance of traditional attire like Hanfu in connecting with cultural heritage.

重点 Think about how the topic can be linked to your daily life.

思考 Do you think it is meaningful to wear Hanfu today? Why or why not?

句型与表达

Hanfu, the traditional attire of the Han Chinese people, is characterized by its ...

Over the centuries, Hanfu has undergone various transformations in style, fabric, and decoration, influenced by ...

For example, the use of [colour/decoration] in Hanfu may symbolize ...

In recent years, there has been a resurgence of interest in Hanfu among young Chinese, driven by ...

The modern revival of Hanfu has not only ... but also ...

Wearing Hanfu has become a way for individuals to express their cultural pride and assert their identity in a globalized world.

By embracing Hanfu, individuals can ...

演讲技巧 结合时事：许多演讲话题其实都是和现实中存在的问题或者当下的时事热点相关的。比如在介绍汉服的时候，可以说说现在越来越多年轻人喜爱穿汉服出门拍照，或者延伸一下穿马面裙等汉民族服饰去大英博物馆等行为有什么意义。

❺ The Chinese Language: How should we appreciate our language?

Introduction:

Highlight the richness and complexity of the Chinese language.

Body:

Character Evolution:

Discuss the evolution of Chinese characters from oracle bones to modern script.

Dialect Diversity:

Introduce the variety of dialects within China and their cultural implications.

Language and Culture:

Explore the relationship between language and Chinese cultural concepts, idioms, and proverbs. Discuss how language conveys cultural values and historical narratives.

Conclusion:

Summarize the importance of preserving and appreciating the Chinese language.

Encourage the audience to delve deeper into the study of language as a gateway to understanding culture and history.

重点　Appreciate the language we have and explore why it is important to you and the world.

思考　What role does language play in your life? Is it important? Why or why not?

句型与表达

The Chinese language is renowned for its ...

The evolution of Chinese characters, from their origins on oracle bones to the standardized script used today ...

China's vast geographic and cultural landscape has given rise to a rich tapestry of dialects ...

Language is deeply intertwined with Chinese cultural concepts, idioms, and proverbs ...

Through the study of Chinese language and literature, we gain insights into ...

By embracing our language and delving deeper into its study, we can ...

演讲技巧 拓展思维：我们不想说千篇一律的内容，观众也想听到丰富多彩的观点。在题目相同的情况下，要想出奇制胜，我们可以开拓自己的想象力，对主题进行创意性探讨。如在讨论中国语言的时候，我们可以讨论现在网络流行的词汇，各种特色方言，中文和英文或其他语言的结合，以及对外国人来说中文最难学习的部分等。可以结合自己参加过的活动或看过的电视节目等来寻找灵感。

⑥ The Chinese _____:

This is an open topic for students to develop their idea of finding a topic for their speech. In this way, students can find different ways to appreciate aspects of China. This also helps them to find their own voice and source about their own interests.

重点 Discover your own interest in the national culture or other aspects. Utilize everything you have learned and practiced so far. Make a one minute speech.

句型与表达 Start with greeting the audience: Ladies and gentlemen,

Put forward your key idea: I find ... very interesting, and want to share more with you.

Use clear signpost words: Firstly, secondly, in conclusion ...

Discuss the significance and call back to the beginning: The significance of this is ...

Greet the audience again: Thank you.

e.g.

I. Introduction

A. Greeting the audience

B. Presenting the key idea

II. Main Points

A. Firstly, [introduce main point]. Give reasons/evidence

B. Secondly, [present another key idea]. Give reasons/evidence

III. Conclusion

A. Summarize main points

B. Discuss the significance

IV. Closing

Thank the audience

演讲技巧 完整地撰写和展现一篇演讲：演讲不仅包括前期的搜索和撰写，还包括舞台上的整体表现。为了避免耗费太长时间，我们可以试着给自己计时，比如在 20 分钟内完成搜索的过程，在半小时内完成演讲大纲和内容撰写，再花半个小时练习自己的演讲。还要加上丰富的手势动作，保证良好的表情和体态。

中文 10 星级

绕口令

① 六十六岁刘老六

liù shí liù suì liú lǎo liù　　xiū le liù shí liù zuò zǒu mǎ lóu
六十六岁刘老六，修了六十六座走马楼。

lóu shàng bǎi le liù shí liù píng sū hé yóu
楼上摆了六十六瓶苏合油，

mén qián zāi le liù shí liù kē chuí yáng liǔ
门前栽了六十六棵垂杨柳，

liǔ shàng shuān le liù shí liù gè dà mǎ hóu
柳上拴了六十六个大马猴。

hū rán yí zhèn kuáng fēng qǐ　　chuī dǎo le liù shí liù zuò zǒu mǎ lóu
忽然一阵狂风起，吹倒了六十六座走马楼，

dǎ fān le liù shí liù píng sū hé yóu　　yā dǎo le liù shí liù kē chuí yáng liǔ
打翻了六十六瓶苏合油，压倒了六十六棵垂杨柳，

xià pǎo le liù shí liù gè dà mǎ hóu　　qì huài le liù shí liù suì liú lǎo liù
吓跑了六十六个大马猴，气坏了六十六岁刘老六。

② 数枣

chū dōng mén　　guò dà qiáo　　dà qiáo dǐ xià yí shù zǎo
出东门，过大桥，大桥底下一树枣。

ná zhe gān zi qù dǎ zǎo　　qīng de duō　　hóng de shǎo
拿着杆子去打枣，青的多，红的少。

yí gè zǎo　　liǎng gè zǎo　　sān gè zǎo　　sì gè zǎo　　wǔ gè zǎo　　liù gè zǎo
一个枣，两个枣，三个枣，四个枣，五个枣，六个枣，

qī gè zǎo　　bā gè zǎo　　jiǔ gè zǎo　　shí gè zǎo
七个枣，八个枣，九个枣，十个枣。

shí gè zǎo　　jiǔ gè zǎo　　bā gè zǎo　　qī gè zǎo　　liù gè zǎo　　wǔ gè zǎo
十个枣，九个枣，八个枣，七个枣，六个枣，五个枣，

sì gè zǎo　　sān gè zǎo　　liǎng gè zǎo　　yí gè zǎo
四个枣，三个枣，两个枣，一个枣。

zhè shì yí gè rào kǒu lìng yì kǒu qì shuō wán cái suàn hǎo
这 是 一 个 绕 口 令 ， 一 口 气 说 完 才 算 好 。

❸ 买混纺

fēng fēng hé fāng fāng
丰 丰 和 芳 芳 ，

shàng jiē mǎi hùn fǎng
上 街 买 混 纺 。

hóng hùn fǎng fěn hùn fǎng huáng hùn fǎng huī hùn fǎng
红 混 纺 ， 粉 混 纺 ， 黄 混 纺 ， 灰 混 纺 。

hóng huā hùn fǎng zuò qún zi fěn huā hùn fǎng zuò yī shang
红 花 混 纺 做 裙 子 ， 粉 花 混 纺 做 衣 裳 。

chuānshàng xīn yī duō piào liang fēng fēng hé fāng fāng xǐ yáng yáng
穿 上 新 衣 多 漂 亮 ， 丰 丰 和 芳 芳 喜 洋 洋 。

gǎn xiè shū shu hé ā yí duō fǎng hóng fěn huáng huī hǎo hùn fǎng
感 谢 叔 叔 和 阿 姨 ， 多 纺 红 、 粉 、 黄 、 灰 好 混 纺 。

经典散文

❶ 故园之殇

zài lì shǐ de cháng hé zhōng céng yǒu yí chù měi lì jué lún de gù yuán tā chéng zài
在 历 史 的 长 河 中 ， 曾 有 一 处 美 丽 绝 伦 的 故 园 ， 它 承 载

zhe wú shù de huī huáng yǔ mèng xiǎng
着 无 数 的 辉 煌 与 梦 想 。

nà gù yuán céng shì yí piàn rén jiān xiān jìng tā yǒu hóng wěi zhuàng lì de gōng diàn jīn
那 故 园 曾 是 一 片 人 间 仙 境 。 它 有 宏 伟 壮 丽 的 宫 殿 ， 金

bì huī huáng de liú li wǎ zài yáng guāng xià shǎn yào zhe cuǐ càn de guāng máng fǎng fú zài sù shuō
碧 辉 煌 的 琉 璃 瓦 在 阳 光 下 闪 耀 着 璀 璨 的 光 芒 ， 仿 佛 在 诉 说

zhe céng jīng de róng yào tíng tái lóu gé cuò luò yǒu zhì wǎn rú yì fú jīng měi de huà juàn
着 曾 经 的 荣 耀 。 亭 台 楼 阁 错 落 有 致 ， 宛 如 一 幅 精 美 的 画 卷 。

jiǎ shān shàng guài shí lín xún qīng quán chán chán liú tǎng wèi zhè níng jìng de huà miàn zēng tiān le
假 山 上 怪 石 嶙 峋 ， 清 泉 潺 潺 流 淌 ， 为 这 宁 静 的 画 面 增 添 了

yì mǒ líng dòng
一 抹 灵 动 。

yuán zhōng yǒu wú shù de qí huā yì cǎo fāng xiāng sì yì dié wǔ fēng fēi nà shèng
园 中 有 无 数 的 奇 花 异 草 ， 芳 香 四 溢 ， 蝶 舞 蜂 飞 。 那 盛

kāi de huā duǒ hóng de xiàng huǒ fěn de xiàng xiá bái de xiàng xuě jiāo zhī chéng yí piàn
开 的 花 朵 ， 红 的 像 火 ， 粉 的 像 霞 ， 白 的 像 雪 ， 交 织 成 一 片

xuàn lì de sè cǎi gǔ lǎo de shù mù yù yù cōng cōng zhī fán yè mào yóu rú yì bǎ bǎ
绚 丽 的 色 彩 。 古 老 的 树 木 郁 郁 葱 葱 ， 枝 繁 叶 茂 ， 犹 如 一 把 把

巨大的绿伞，为人们遮挡着骄阳。

然而，一场突如其来的灾难降临了。外敌入侵，他们带着贪婪与残暴，肆意践踏这片美丽的土地。他们抢夺珍宝，烧毁宫殿，将这处故园变成了一片废墟。曾经的辉煌瞬间化为乌有，只留下断壁残垣，在风中诉说着无尽的哀伤。

如今，我们站在这片废墟之上，心中充满了悲痛与愤慨。我们仿佛能看到那曾经的繁华，听到那历史的叹息。这故园的毁灭，是一个民族的伤痛，也是一个时代的悲剧。

但我们不能忘记这段历史，我们要从这废墟中汲取力量，奋发图强。让我们用智慧和汗水，重新铸就属于我们的辉煌，让那曾经的美丽故园，在我们的心中永远绽放光彩。

❷ 桨声灯影里的秦淮河（节选）①

秦淮河的水是碧阴阴的；看起来厚而不腻，或者是六朝金粉所凝么？我们初上船的时候，天色还未断黑，那漾漾的柔波是这样恬静，委婉，使我们一面有水阔天空之想，一面又憧憬着纸醉金迷之境了。等到灯火明时，阴阴的变为沉沉了：黯淡的水光，像梦一般；那偶然闪烁着的光芒，就是梦的眼睛了。我们坐在舱前，因了那隆起的顶棚，仿佛总是昂着首向前走着似的；于是飘飘然如御风而行的我们，看着那些自在的湾泊着的船，船里走马灯般的人物，便像是下界一般，迢迢的远了，又像在雾里看花，尽朦朦胧胧的。

……

岸上原有三株两株的垂杨树，淡淡的影子，在水里摇

_____

① 朱自清著：《背影》，江苏文艺出版社 2018 年版。

曳着。它们那柔细的枝条浴着月光，就像一支支美人的臂膊，交互的缠着，挽着；又像是月儿披着的发。而月儿偶尔也从它们的交叉处偷偷窥看我们，大有小姑娘怕羞的样子。岸上另有几株不知名的老树，光光的立着；在月光里照起来，却又俨然是精神矍铄的老人。远处——快到天际线了，才有一两片白云，亮得现出异彩，像是美丽的贝壳一般。白云下便是黑黑的一带轮廓；是一条随意画的不规则的曲线。这一段光景，和河中的风味大异了。但灯与月竟能并存着，交融着，使月成了缠绵的月，灯射着渺渺的灵辉，这正是天之所以厚秦淮河，也正是天之所以厚我们了。

❸ 北京中轴线

北京的中轴线是一条贯穿古今的历史脉络，它如同一条脊梁，将这座城市的过去、现在与未来紧密相连。沿着这条线，我们可以看到天安门广场上的巍峨城楼，北海公园的碧波荡漾，钟鼓楼的庄严肃穆，紫禁城的辉煌壮丽。每一处景象都如同历史的回声，诉说着千年帝都的荣光。

中轴线上的每一座建筑都有其独特的意义。天坛，是古时皇帝祭天的地方，那圆形的祈年殿，如同苍穹下的一滴精华，凝聚了人们对丰年的祈盼。地坛，则是祭地的场所，四方的坛基，象征着天地四方的安稳与平衡。穿过中轴线两侧的繁华街市，仿佛置身于一幅古今交织的画卷。南北贯通的中轴线，不仅是城市的脊梁，更是人们心中的精神轴线。

在这条轴线上，我感受到一种穿越时空的力量。它带我回到了那个烽火连天的时代，古老的城墙守护着这片土地，帝王们的足迹曾在这里留下深深的印记。再向前走，我又回到了当下，这条中轴线依旧生机勃勃，它不仅承载着历史的厚重，也在续写着属于现代的辉煌。

站在这条中轴线上，仿佛能够触摸到北京这座城市的灵魂。那是古老与现代的交融，是传统与创新的碰撞。中轴线不仅是城市的中心，更是文化的象征。它让人沉思，让人追忆，更让人展望未来。

❹ 做一个追梦者

一个人要怎样活着才更有意义？我想，应做一个追梦者。

做一个追梦者，要有坚定的信念。梦想的道路从来都不是一帆风顺的，会有荆棘密布，会有坎坷崎岖。但追梦者不能畏惧，不能退缩，心中那团信念之火要熊熊燃烧，照亮前行的路。无论遭遇多少挫折，都要坚信自己的梦想终会实现，如同战士坚信自己能取得胜利一般。

做一个追梦者，要有无畏的勇气。面对未知的挑战，要勇敢地迈出第一步。不害怕失败，不担心嘲笑，勇敢地去尝试、探索。如同战士在战场上冲锋陷阵，追梦者也要在梦想的战场上奋勇向前，哪怕前路艰险，也要有"虽千万人吾往矣"的气魄。

做一个追梦者，要有顽强的毅力。梦想的实现不是一蹴而就的，需要长时间的努力和坚持。在这个过程中，会有疲惫，会有迷茫，但追梦者不能放弃。要像战士坚守阵地一样，坚守自己的梦想，一步一个脚印地朝着目标前进。哪怕进步缓慢，也绝不停止奋斗的脚步。

做一个追梦者，在人生的道路上披荆斩棘，为了心中的那一抹光亮，无畏地奔跑。用信念、勇气和毅力，书写属于自己的精彩篇章。让我们都做追梦者，在梦想的天空中自由翱翔。

❺ 爸爸，桃花开了，我想您了

桃花开了，如粉色的云霞铺满了大地，爸爸，我想您了。

那一片绚烂的桃花，仿佛带着您的气息。记得小时候，您总爱带我去看桃花。您说，桃花是春天的使者，它带来希望和生机。那时的我，在桃花树下奔跑嬉戏，您则在一旁微笑地看着我，眼神中满是慈爱。

如今，桃花又开了，而您却已不在我身边。我漫步在桃花林中，回忆如潮水般涌来。我想起您温暖的手掌，牵着我走过一个个春夏秋冬；我想起您爽朗的笑声，在我的童年里回荡。您教会我勇敢面对困难，教会我善良待人，您的教诲如同一盏明灯，照亮我前行的路。

桃花在微风中轻轻摇曳，像是在诉说着我们曾经的故事。我仿佛看到您站在桃花树下，向我招手。

院里的桃花又开了，可是爸爸，您到哪里去了呀？我想，您一定会随着桃花的芬芳，随着奔涌的河流，随着千朵万朵桃花的飞舞，陪伴着我继续前行吧。

❻ 信念

有一个词，它是一种给予，也是一种收获；它是一种情感，也是一种行动；它是从原始部落到现代文明的纽带，也是一代又一代人传承的精神火炬；它不是生活的全部，却是支撑整个生命的核心；它可能在每一个角落、每一个瞬间发生，又被人们无尽地追求与珍视……

那就是——信念。

母亲的信念，"临行密密缝，意恐迟迟归"；兄弟的信念，"海内存知己，天涯若比邻"；悲悯的信念，"先天下之忧而忧，后天下之乐而乐"；家国的信念，"人生自古谁无死，留取丹心照汗青"……

信念，让我们永远在一起！我们带着信念来到这个世界，又怀着信念离开，不是因为恐惧失败，而是因为渴望希望的延续。

信念，那是一个人的起点和终点，是高山之巅流淌而下的清泉，是清泉汇聚成的大海。信念如同内心深处涌现的力量，它可以点燃心灵的火焰，激励我们不断前行。最快抵达人心的力量，不是现代科技的奇迹，而是源自内心的坚定信念。信念是每个人的无形动力，是无法复制的精神财富。信念，让我们永远在一起。

经典朗诵

❶ 相信未来

当沉重的乌云遮蔽了我的天空，
当风雨的怒吼冲刷着我的大地，
我依然固执地站在风雨之中，
用阳光的微笑写下：相信未来。

当我的希望被寒冬的霜雪覆盖，
当我的梦想在黑夜中沉睡，
我依然固执地用心中不灭的火焰，
在冰冷的夜晚写下：相信未来。

我要用双手去拥抱那初升的朝阳，
我要用脚步去丈量那遥远的地平线，
手握点燃希望的烛光，
用坚定的笔锋写下：相信未来。

朋友，请坚定地相信未来吧，
相信那不屈的心灵，
相信那穿越苦难的勇气，
相信未来，拥抱生命。

❷ 行路难（其一）

［唐］李 白

金樽清酒斗十千，
玉盘珍羞直万钱。
停杯投箸不能食，
拔剑四顾心茫然。
欲渡黄河冰塞川，
将登太行雪满山。
闲来垂钓碧溪上，
忽复乘舟梦日边。
行路难，行路难，
多歧路，今安在？
长风破浪会有时，
直挂云帆济沧海。

拓展学习：演讲创作技巧

❶ 内部技巧

情景再现：脑海中形成连续的活动的画面，并产生相应的态度、感情的过程。

对象感：在心中设想演讲对象的存在和反应。

内在语：在表演中没有完全表露出来的语句关系和语句本质。

❷ 外部技巧

停连：停顿和连接。

重音：为了表达语句意思而加以突出、强调的语句中的重点词语。

语气：在具体思想感情支配下具体语句的声音形式。

节奏：以思想感情为依据的抑扬顿挫、轻重缓急。

❸ 肢体动作

肩部以上区域：用来表达激昂的情绪、强烈的感情。

肩部到腰部区域：我们在演讲的时候，为了更好地说明事物、解释论证，就要用好这一块区域，这也是我们演讲当中最主要的一块手势区域。

模拟动作：基于演讲内容，以肢体动作示意。

英语 10 星级

国学赏析与告知型演讲（中国文化讲解与宣传）

1 *The Word and the World*（《道德经》第二章）

All on earth know beauty is beauty, because of ugliness; all know goodness is goodness, because of non-goodness. What is nil and what is being generate each other, what is difficult and what is easy beget each other, what is long and what is short contrast each other, what is high and what is low complement each other, what is sound and what is voice attune each other, what is front and what is rear follow each other. This is what is eternal. Therefore, the sages leave things as they are. They teach without inculcation, let things arise instead of raising them; they work without deliberation, achieve without crediting themselves, just because they do not credit themselves, they have nothing to lose.

Speech Topic: Us and the other

原文　天下皆知美之为美，斯恶已；皆知善之为善，斯不善已。故有无相生，难易相成，长短相较，高下相倾，音声相和，前后相随，恒也。是以圣人处无为之事，行不言之教；万物作而弗始，生而弗有，为而弗恃，功成而弗居。夫唯弗居，是以不去。

重点　美好的东西存在，那就会有不好的东西出现；人们知道什么是好的，就会有坏的。所以，好和坏互相对比，难和易、长和短、高和低互相依存，声音和音调相互衬托，前和后相互关联。这些概念相反又相互补充，它们不停地变化，不是孤立存在的。因此，有些特别聪明的人，他们做事情时不追求名声，也不一定要教导别人，他们平和地接受着世界上所有的事情，而不是害怕或回避，他们孕育万物而不加约束，不把自己的成就当作一种依赖。正是因为他们不以功名为荣，所以他们才永远不会失去这些功名。

思考　Shall we see one thing from different perspectives? Why or why not?

单词与释义　ugliness *n.* 丑陋，不美观；generate *v.* 产生，引发；contrast *v.* 对比，对照；complement *v.* 补充，互补；attune *v.* 使和谐，调适；eternal *adj.* 永恒的；inculcation *n.* 灌输，教导；deliberation *n.* 深思熟虑，考虑；credit *v.* 归功于某人／某物。

演讲技巧　抽象概念具体化：当我们在叙述一些很抽象的概念时，如这篇文本通篇都在说两个事物相对比的抽象概念，我们更应该举一些实际的例子方便理解。比如这个文本中对于功名的例子稍微详细一些，而且更能贴近人们的生活，便于听众理解和内化观点。

❷ *Crickets*（《诗经·唐风·蟋蟀》）

> *Crickets cheep in the hall;*
> *The year comes to the end.*
> *With no pleasure at all,*
> *The days we vainly spend.*

Do play and work in time.

As much as temperate.

Make good use of our prime,

Not more than moderate.

Crickets cheep in the hall;

The year draws to a close.

With no pleasure at all,

Today in vain just goes.

Do work and play in time,

As much as temperate.

Make full use of our prime,

Not more than moderate.

Crickets cheep in the hall;

The carriage runs no more.

With no pleasure at all.

What do we exist for?

Do play and sport in time,

As much as temperate.

We should employ our prime,

Not more than moderate.

Speech Topic: How to live life to the fullest.

原文 诗经·唐风·蟋蟀

蟋蟀在堂,
岁聿其莫。
今我不乐,
日月其除。
无已大康,
职思其居。
好乐无荒,
良士瞿瞿。

蟋蟀在堂,
岁聿其逝。
今我不乐,
日月其迈。
无已大康,
职思其外。
好乐无荒,
良士蹶蹶。

蟋蟀在堂,
役车其休。
今我不乐,
日月其慆。
无已大康,
职思其忧。
好乐无荒,
良士休休。

重点 聿（yù）：作语助。莫：古"暮"字。除：过去。无：勿。已：过，太。大（tài）康：过于享乐。职：当。居：指人的处境。好乐：娱乐。无荒：不要过度。瞿瞿（jù）：敛也，一说惊顾貌。逝、迈：义同，去，流逝。蹶蹶（guì）：动作敏捷的样子。役车：服役出差的车子。慆（tāo）：逝去。休休：安闲自得，乐而有节貌。

诗的前两句描述了天气变凉，诗人把蟋蟀从外面移到了屋里，感叹时间过得很快，一年都快结束了。接下来的几句表达了诗人对岁月流逝的感慨，他认为人生要及时享乐，否则就会浪费时间。最后几句加深了诗人的思考，他告诉我们要努力工作，像"良士"一样勤奋向上。这首诗情感真挚，蕴含了诗人宝贵的人生经验，既是对别人的劝告，也是对自己的警示。

思考 Do you prefer to plan ahead all the time or enjoy the moment? Why or why not?

单词与释义 pleasure *n.* 愉悦，快乐；vainly *adv.* 徒劳地，白费地；temperate *adj.* 温和的，适度的；draw to a close 即将结束。

演讲技巧 话不要说太满：在前面的学习中，我们了解到演讲时需要做出明智的选择，但是我们也要认识到，另一种选择并非毫无意义。比如，当我们谈论我们的生活方式时，虽然你的观点是我们应该活在当下，因为会减少对未来的焦虑，但不妨在结尾处提及另一种选择的价值。例如，虽然提前规划能够帮助我们更有时间意识，但是我仍然会选择更加即兴的生活方式，因为这样能让我更充分地享受当下的乐趣。

❸ *The Magpie Bridge Immortal Waiting for the Moon*（《鹊桥仙·待月》）

> *The cup not raised be;*
> *Nor sing the song loud!*
> *I wait for the moon to shine the sea.*
> *I don't know from where there comes up a cloud*

That grows fast, a bar between sky and me.

My beard I break now;
My eyes I burst out.
I hate my sword is not sharp enow
To cut off the cloud with an attack stout
So that I can see Luna's gait and brow.

Speech Topic: My view of Power.

原文 鹊桥仙·待月

[金] 完颜亮

停杯不举，

停歌不发，

等候银蟾出海。

不知何处片云来，

做许大、通天障碍。

髯虬捻断，

星眸睁裂，

唯恨剑锋不快。

一挥截断紫云腰，

仔细看、嫦娥体态。

重点 停下酒杯不举起，停下歌声不要唱，等候那圆圆银月跃出东海。不知从哪里飘来一片云，做成了这么大、通天的大障碍。龙须拈断，星眼瞪裂，只恨宝剑剑锋不快。我要猛地一挥斩断紫云的腰，仔细观看嫦娥仙女长得是什么体态。

这首词通过描述等待月亮升起的过程，表达了作者内心的情感变化。上半部分描绘了月亮被云遮挡的情景，下半部分则表现了作者希望云散开来，让月亮露出来的愿望。词中透露出作者想要控制天空的想法，展现了他的霸气和自信。

思考 Do you think humans should control nature? Why or why not?

单词与释义 burst out 突然爆发；cut off 切断，中断；stout *adj.* 体格健壮的，粗壮的；gait *n.* 步态，步伐；brow *n.* 眉毛以下的部分。

演讲技巧 一个中心观点（1）：当要表达对一个事物的看法时，我们脑海里总是会冒出很多想法。但为了方便观众理解和结构的搭建，我们应该选其中一个进行说明。比如在这里叙述自己对权利的看法时，我们应该用一句话说清楚我们的核心观点。

❹ *The Word and the World* (《道德经》第八章)

The top goodness is like water, benefiting all, contending with none, and is content with all others disdain. Therefore, it is close to the Word. It makes a good place, harbors a good will, gives a good wish, speaks good words, does good deeds, yields good results, and grasps good chance. Just because it does not contend, it never goes amiss.

Speech Topic: We should be like water.

原文 上善若水。水善利万物而不争，处众人之所恶，故几于道。居善地，心善渊，与善仁，言善信，正善治，事善能，动善时。夫唯不争，故无尤。

重点 最善的德行就像水一样，它总是静静地顺着河流，细细地滋润着沿岸的植物，让它们茁壮成长。水不和其他东西争斗，也不挣扎，它总是找到一个舒适的位置，静静地流淌。就像那些修养很高的人一样，他们就像水一样柔软、温和。他们不和别人争吵，也不吹嘘自己，而是喜欢待在安静的地方，默默地关心着身边的人。他们总是真诚地对待别人，友善地帮助他人，从不为自己的利益去伤害别人。他们说话算数，做事情有分寸，处理国家大事更是游刃有余。因为他们不和别人争斗，所以他们也不会惹来别人的责备和怨恨。

思考　What are the characteristics of water? What can you learn from water?

单词与释义　benefit *v.* 帮助；disdain *n.* 鄙视，蔑视；harbor *v.* 怀有；yield *v.* 产生；grasp *v.* 抓住，领会；amiss *adj.* 错误的。

演讲技巧　一个中心观点（2）：和上一课相同，我们应该首先抓住水的一个特征。但为了丰富我们的演讲内容，需要试着用两个例子来进行解说。比如，我们说水的适应性很强，据环境而定，可以很平缓也可以很湍急，而这样的个性对人也很重要。再比如，我们生活中会遇到很多变化，比如要在不同的环境下学习，如果适应性强的话可以提升我们的学习能力；而国家也是一样，如果在灾难来临之前灵活应对，可以减少损失。

⑤ *Yarn-Washing*（《浣溪沙》）

I visited the Fountain Temple in Qishui, beside the Orchid Rill, which was flowing to the west.

The rill soaks orchids downhill;
The path thru the pines is still;
The dusk rain hears cuckoos trill.

Who says our life is not blest?
By the door the brook flows west!
Don't sing Grey Hair to the nest.

Speech Topic: Optimism is the key in life.

原文 浣溪沙

〔宋〕苏　轼

游蕲水清泉寺，寺临兰溪，溪水西流。

山下兰芽短浸溪，
松间沙路净无泥，
萧萧暮雨子规啼。

谁道人生无再少？
门前流水尚能西，
休将白发唱黄鸡。

重点　在词的上阕中，词人以一种情景交融的方式描绘了清泉寺的幽雅景致。首句"兰芽短浸溪"，生动地描绘了初春时兰花嫩芽浸润在溪水中的景象。"短浸溪"一词则表现了溪水澄澈清净，给人一种生机盎然的感觉。最后一句通过描述暮雨中杜鹃的啼鸣，将情调转向了凄凉悲怆，表达了诗人内心的感伤之情。而下阕则抒发了诗人对生命和时光流逝的思考。首先以反诘的方式提出了关于生命短暂的奇想，并以兰溪水西流的景象作为回答。他通过"百川东到海，何时复西归"的形象化表达，强调了时间不可逆转的自然规律。又以"门前流水尚能西"的景象作为启示，表达了对生命无限可能的乐观态度。最后三句展现了诗人顽强乐观的精神，他呼唤着青春的人生之歌，拒绝沉沦于岁月流逝和衰老的忧伤之中。这种乐观向上的情感在词中得到了充分的展现，也给人以启迪和鼓舞。

思考　Do you think optimism is important? Why or why not?

单词与释义　rill *n.* 小溪，小河；orchid *n.* 兰花；cuckoo *n.* 杜鹃鸟；trill *v.* 发出颤音；blest *adj.* 幸福的；brook *n.* 小溪，小河。

演讲技巧　开拓视野：积极的心态当然可以是很个人的话题，我们每个人或多或少都感受过积极的心态带给我们的重要影响。但为了增强演讲的说服力，我们或许可以试着用更多元的视角来探讨这个话题，比如积极的心态帮助过历史上的什么人或者什么国家实现过什么目标。

❻ *A Parade*（《破阵子·为陈同甫赋壮词以寄之》）

Half drunk, I checked my sword by the lamp,
And dreamed of the conk-resounding camp.
To have beef barbecue my soldiers I bade,
To arouse their courage the lute I played.
In the field, an autumn parade!
The steeds gallop on as if flying, lo
Whish, whish, arrows shoot out from the bow.
When I served Lord, nothing to postpone.
In life and afterlife I would be known,
But now my hair grows grey I moan.

Speech Topic: The spirits in Chinese poetry.

原文 破阵子·为陈同甫赋壮词以寄之

［宋］辛弃疾

醉里挑灯看剑，

梦回吹角连营。

八百里分麾下炙，

五十弦翻塞外声，

沙场秋点兵。

马作的卢飞快，

弓如霹雳弦惊。

了却君王天下事，

赢得生前身后名，

可怜白发生！

重点 作品描述了词人对年轻时的战斗场面的回忆，表达了他为国家而战、恢复失地的愿望，也传达了他对未能完成理想、英雄迟暮的沮丧之情。本词展现了一位将军的形象，他英勇无畏、忠诚坚定。整首词结构独特，前九句充满豪情壮志，最后一句却否定了前文的豪情，表达了作者的失望之情。这种艺术手法展现了词人的豪放风格和独创精神。

思考 What is your favorite Chinese poem or poet? Why do you like it/him/her?

单词与释义 conk-resounding *v.* 铿锵有力地击打；bade *v.* 命令，吩咐；lute *n.* 古琴；arouse *v.* 唤醒，激起；gallop *v.* 疾驰；whish *n.* 呼呼的声音；postpone *v.* 推迟；afterlife *n.* 来生。

演讲技巧 演讲中的趣味性：演讲既可以是知识的传递，也可以是抒发自己见解的窗口，不一定要有多么惊为天人的观点。比如在学习了这么多古诗文之后，大家对中国的传统诗词有没有什么新的看法？可以试着跳脱出传统演讲的框架，自由抒发自己的观点。

辩证思考，说服型 / 观点类演讲

1 Why do we need news?

Introduction:

State your central idea: I think we need/don't need news because ...

Body:

Personal Perspective: Information and Awareness

Societal Perspective: For more timely action

National Perspective: Accountability and Transparency

Conclusion:

Reinforce the argument that a well-informed public is the foundation of a healthy society.

重点 Try to cover a limited number of arguments with sufficient supporting details.

思考 What role does news play in your daily life? Are they important? Why or why not?

句型与表达 When it comes to the necessity of news, it's crucial to consider ...

Exploring the reasons behind the need for news, one might find ...

Delving into the question of why news is important, we uncover ...

Considering the role of news in society, it becomes evident that ...

Reflecting on the value of news, we can't ignore ...

Examining the impact of news on our lives, it becomes clear that ...

Thinking about the relevance of news media today, one may realize ...

Contemplating the significance of staying informed, it's apparent that ...

Assessing the role of news in shaping public opinion, we see that ...

演讲技巧　Brainstorm: Brainstorming is the initial stage in crafting your speech content. Dedicating 10~15 minutes to brainstorming various ideas related to the topic. However, spending excessive time on this step can lead to confusion and a loss of direction. Once you've generated a range of ideas, the next step is to identify the most significant ones. If you choose multiple ideas to develop your speech, ensure there is a logical connection among them to create a clear structure for your speech.

❷ If not me, who? If not now, when? —Emma Watson

Introduction:

Present your understanding of the quote.

Body:

Personal Responsibility

Urgency of Action

Empowerment and Influence

Conclusion:

Encourage the audience to adopt this mindset in addressing challenges they're passionate about.

重点　Use one sentence to summarize your understanding of this quote.

思考　Do you think it useful to study quotes? Why do you think so?

句型与表达　When I reflect on [topic/quote], I see it as ...

From my perspective, [topic/quote] can be understood as ...

In my opinion, the essence of [topic/quote] lies in ...

To me, [topic/quote] signifies ...

When examining [topic/quote] , I find that it conveys ...

From where I stand, [topic/quote] speaks to me in terms of ...

演讲技巧 Clearly state your own perspective: It's fascinating to see how everyone can have extremely different ways of understanding a single topic or quote. Take this quote as an example, some may view it as a call for personal responsibility, while others perceive it as advocating for timely action in addressing societal challenges. Therefore, when crafting your speech, it's essential to articulate your interpretation at the very beginning of your speech.

❸ What would you like to change about the world?

Introduction:

Start with a vivid description of a world issue you are passionate about.

State your desire for change and why it matters.

Body:

The Issue

Desired Change

Path to Change

Conclusion:

Recap the significance of the change you advocate for.

重点 Use your imagination and come up with interesting topics.

思考 Is your idea interesting and meaningful?

句型与表达

Today, I want to discuss ...

Let's explore the idea of ...

Firstly, let's consider ...

Moving on to the next point ...

Now, let's delve into ...

Furthermore, it's important to ...

Having discussed [previous point], let's move on to ...

Building on that idea, ...

In conclusion, ...

To sum up, ...

Let's recap what we've discussed ...

To wrap things up, ...

演讲技巧 Establish your structural toolkit: Consider crafting your speech framework based on various approaches such as Parallel, enabling the reorganization of different arguments; Chronological, sequencing incidents according to their temporal order; Physical/spatial, introducing elements based on their physical arrangement; Problem/Solution, presenting an issue along with potential resolutions; Case Study, delving deeply into one example with extended analysis; Compare/Contrast, juxtaposing opposing viewpoints; Stories/Conclusions, recounting multiple anecdotes or cases leading to a conclusion, etc.

❹ Which one is more important, being smart or being hardworking?

Introduction:

Discuss the debate between innate intelligence and the value of diligence.

State your position clearly.

Body:

Argument for Your Chosen Trait:

Support your argument with examples from history, science, or personal observations.

Acknowledging the Other Side:

Briefly recognize the value of the opposite trait and how it contributes to success.

However, argue why it is secondary to your chosen trait.

Conclusion:

Summarize your speech with a reposition of your central argument.

重点 It is important to match your supporting materials with your argument.

思考 How can you make your argument more convincing?

句型与表达 For example, ...

To illustrate this point, ...

Consider the case of ...

Research has shown that ...

A study conducted by [source] found that ...

What's particularly noteworthy is ...

This is a key aspect to remember ...

It's important to emphasize that ...

演讲技巧 About your language: Try to be simple and clear. Try to use short sentences. Try to be more colloquial. Try to be assertive. Try to exclude fillers (uh, you know, like, etc.).

⑤ What makes China a unique country?

Introduction:

Start with an interesting fact or statistic that highlights China's uniqueness.

State your main idea.

Body:

Rich Historical Heritage

Diverse Culture and Traditions

Modern Achievements

Conclusion:

Reflect on how China's unique blend of the ancient and the modern shapes its role on the global stage.

重点 Try to think of something that you know well. (Architecture? Food? Fashion?)

思考 What are some major characteristics of China? Please introduce one to others.

句型与表达 Give reasons:

—We should ... because ...

—The main reason for this decision is ...

—Due to ...

—As a result of ..., we can expect ...

—Since there is overwhelming evidence that ...

—Owing to ...

—For this reason, we must ...

—In light of ..., it's necessary to ...

—Given that ...

—Considering that ...

—With this in mind, it's clear that ...

演讲技巧 Build your public speaker persona: Pay attention to what you wear. Pay attention to the way you address your audience (from the moment you walk on the stage). Pay attention to your volume and pitch (try to be loud enough with a neutral pitch). Pay attention to your pace (public speaking is normally slower than conducting daily conversations).

⑥ How should we face the world of Artificial Intelligence?

Introduction:

Pose a rhetorical question to the audience about their readiness or concerns regarding the AI-driven future.

State your point.

Body:

Embracing Innovation

Advancements in AI

Encouraging STEM Education (science, technology, engineering, and mathematics)

AI and Ethics

Regulation and Governance

Conclusion:

Summarize the main points: embracing innovation responsibly, addressing ethical concerns, and preparing society for changes.

End with a call to action, encouraging the audience to engage with AI topics, educate themselves, and participate in shaping the policies and ethical standards that will govern AI's role in our lives.

重点 Form the habit of reading the news and try to use more up-to-date examples.

思考 If what you want to say and what your audience want to hear are different, what will you do? Why?

句型与表达 For example, in the case of Company X ...

For example, consider the case of ...

Take the case of /consider/ look at〔Case Study〕

Reflect on the case study of ... , where ...

Analyze the recent case study of ... , which ...

Explore the case study of ...

Examine the case study of ... , where ...

演讲技巧 Start with what you want to say, but end with what they want to hear: As a public speaker you want to find your voice and say what interests you. This is completely fine. But the only ultimate piece of advice for becoming a successful public speaker is to always be audience-centered. This doesn't mean that you should simply say what you think others would want to hear, but to bear your audience in mind every step of the way. Like how to make yourself loud and clear, logical, comprehensible, humorous, etc. Hope you enjoy your public speaking journey!